D0992883

Mes larmes
d'éternité

YVES GIRARD

O.C.S.O.

Mes larmes d'éternité

 ANNE SIGIER

Du même auteur, aux Éditions Anne Sigier :

Solitude graciée
Lève-toi, resplendis !
Aubes et lumières
Naissances (épuisé)
Je ne suis plus l'enfant de la nuit
Promis à la gloire : toi

Dans la collection « Va boire à ta source » :

L'invisible Beauté
Qui a lavé ton visage ?
Braise silencieuse

ÉDITION

Éditions Anne Sigier
2299, boul. du Versant-Nord
Sainte-Foy (Québec)
G1N 4G2
tél. : (418) 687-6086
téléc. : (418) 687-3565

Éditions Anne Sigier – France
28, rue de la Malterie
B.P. 3007
59703 Marcq-en-Barœul
tél. : 20.74.00.05
fax : 20.51.86.88

ILLUSTRATION PAGE COUVERTURE
Peinture de Bradi Barth

DÉPÔT LÉGAL
Bibliothèque nationale du Québec
Bibliothèque nationale du Canada
4e trimestre 1995

« Va boire à ta source »

« Va boire à ta source » est une nouvelle collection dirigée par le père Yves Girard, moine cistercien à Oka. Auteur de plusieurs volumes publiés aux Éditions Anne Sigier, Yves Girard propose dans cette collection un itinéraire à l'encontre des chemins faciles qui mènent trop souvent à l'impasse. « Va boire à ta source » conduit vers ces lieux d'écoute et de silence d'où sourd une Parole qui suscite la fête.

« Le plus jeune fils partit pour un pays lointain »
(Lc 15,13)

L'héritage

Tu connais l'émouvante histoire de ce père qui consentit un jour à partager sa fortune entre ses deux fils.

« Le plus jeune partit pour un pays lointain et y dissipa son bien en vivant dans l'inconduite » (Lc 15,13).

C'est depuis toujours, n'est-ce pas, que tu appréhendes la « mauvaise » fortune.

Pourtant, dis-moi s'il est chose plus redoutable au monde que de recevoir l'héritage, la « bonne » fortune.

L'impasse

Tu as été douloureusement témoin de ces interminables conflits de succession qui ont déchiré tant de familles.

Tu as tellement vu de ces fortunes subites dilapidées en un éclair, non sans qu'elles aient mordu le cœur de ceux qui avaient cru pouvoir les tenir à jamais.

La main qui n'a pas connu la patiente corvée des engrangements est vite renversée par cette charge déstabilisante qui fait soudainement irruption.

Énumère, si tu le peux, les réalités sans nombre qui avaient mission d'aider ton parcours et qui ont finalement conduit à l'impasse le bénéficiaire que tu es.

Pour gérer ta part d'héritage

Mais, pour ta faiblesse, il est un héritage plus redoutable que celui de l'argent et des biens matériels : tu as reçu la lumière en partage !

Cette valeur, bien qu'elle soit spirituelle, n'est pas pour autant immunisée contre la profanation.

Au contraire, sa présence en toi appelle les sept redoutables démons de l'Évangile.

Où se situe ton inquiétude devant ce cadeau du Royaume ?

L'enfant de la parabole manquait de sagesse pour gérer la part qui lui revenait.

À ta manière, vas-tu manquer toi aussi de sagesse pour bénéficier à plein du don de cette lumière ?

Le Prodigue s'est perdu pour s'être laissé conduire par l'abondance de ses possessions.

La lumière dont tu as hérité exige au contraire que tu t'abandonnes à son miraculeux pouvoir pour être sauvé.

« Comment cela sera-t-il ? »
(Lc 1,34)

La désolation du vide

« Comment cela sera-t-il ? »

– « L'Esprit Saint viendra sur toi. »

Depuis le premier souffle de notre vie, nous nous « morfondons » de désirs.

Nous n'avons toujours été qu'aspirations, attentes et demandes.

Nous avons expérimenté le malaise de l'absence et « l'inexaucement » de nos appels.

Cette souffrance est venue mettre en lumière la plus belle partie de notre être.

Les années se sont accumulées sur nos têtes, et notre soif n'a pas cessé de grandir, cependant que notre manque à vivre devenait de plus en plus douloureux, comme si nous n'avions existé que pour mieux connaître la désolation du vide.

Comment contenir notre gloire ?

Réalité inexplicable que celle de notre quête obstinée, jamais satisfaite, toujours renaissante, incapable de mourir.

Par contre, il y a manifestement en nous un poids de vie qui nous dépasse.

La densité de notre être déborde notre capacité de recevoir : nous n'arrivons pas à contenir notre gloire en même temps que nous gémissons sur notre pauvreté.

Notre capital est plus grand que la mesure de notre cœur.

En vain, nous nous épuisons à une tâche surhumaine.

Et pendant que nous vivons nos heures de découragement et de lassitude quand la tristesse envahit l'immensité de nos terres, la vie, elle, marche à nos côtés et transfigure nos larmes en fruits d'éternité.

Elle nous conduit au centre de nous-mêmes, seul endroit où il nous est possible de connaître le repos.

Le lieu où Dieu nous a précédés

Il y a, en effet, au fond de chacun de nous, un espace où il nous est loisible de baigner dans la douceur quand la douleur nous étreint : un espace où la paix est établie à demeure alors que le désordre laboure notre cœur ; un espace où il n'y a que lumière et joie sans ombre quand la nuit, tout autour, bat son plein ; un espace où la peine, la souffrance et le péché ont reçu un interdit de circuler pendant que la mort, à l'extérieur, continue son métier.

Tout ce que nous avons connu de désir et d'aspiration durant notre vie n'a toujours été, en fait, qu'une tentative pour atteindre en nous à ce lieu où Dieu nous a précédés.

Enveloppés de pardon

Mille courants contraires s'entêtent à nous sortir de cette zone de paix.

Nous entretenons une multitude de soucis, nous sommes traqués de toute manière, notre fragilité est sans cesse prise en défaut, mais il nous suffit de pouvoir entrer dans notre sanctuaire intérieur pour nous voir, comme par miracle, à l'abri de tout ce qui s'acharne contre notre paix.

Comme l'enfant qui cache son visage au creux de l'épaule où il a cherché refuge, il nous faut nous détourner résolument de tout ce qui nous menace.

C'est là pour nous un exercice extrêmement difficile : nous fixer au cœur de notre lumière, nous river à notre paix, nager dans notre océan de quiétude, accepter la joie comme seule nourriture, nous envelopper de pardon et de bonté.

Quand nous cédons au découragement

Il existe, ce monde de lumière et de paix.

Il est en nous, et, toute notre vie durant, nous l'avons quémandé à tout venant.

Notre faiblesse est sans cesse exposée, mais la vie est plus forte que la mort.

Pour revenir à l'image de l'enfant que la peur a jeté contre son père, que penserions-nous de cet enfant s'il se dégageait des bras de son père sous prétexte que le danger est trop grand ?

Nous estimerions qu'il court à sa perte, et lui-même le sait fort bien.

Pourtant, c'est ce que nous faisons chaque jour quand nous nous livrons à l'inquiétude, quand nous nous laissons tourmenter par nos erreurs, quand nous cédons au découragement.

Refuser de tendre la main

Fermer résolument les yeux à ce qui nous trouble, refuser obstinément de prêter attention au désordre qui nous habite pour nous immobiliser au sein de notre paix est un acte d'héroïsme dont bien peu de personnes sont capables.

Et notre mal le plus subtil consiste à nous accuser de fuite ou de lâcheté quand nous tournons résolument le dos à ces bouleversements de l'affectif, de l'émotif et du sensible en nous.

Fuir cet inutile martyre de tous les jours pour gagner en nous les latitudes de la paix profonde est une performance qui doit passer avant n'importe quelle autre priorité.

Nous avons un mal immense à faire la distinction entre l'héroïsme et la démission.

Nous nous sommes épuisés à désirer.

Au long de notre vie, nous nous étions plaints de ce que nous n'avions jamais reçu toute notre ration de pain, et voilà que, devant la table surabondamment servie, nous refusons d'étendre la main.

Cachés au creux de notre paix

Nous nous créons des « devoirs » qui ne sont, en fait, qu'une forme de paresse.

« Oui, je dois me ‹ corriger ›. »

Et surtout, je dois « corriger » les autres.

Que de « faux devoirs » nous nous imposons parce que nous n'avons pas le courage d'entrer en nous-mêmes !

Que de besognes nous nous prescrivons chaque jour pour fuir notre première mission, celle de nous cacher aux profondeurs de notre paix !

Une conversion qui éloigne de Dieu

Vous serez peut-être tentés de me dire que tout ceci est bien étranger à la fête de l'Annonciation.

Si la Vierge n'avait jamais pu avoir accès à son intérieur, nous serions encore en attente de l'Incarnation.

Il nous suffirait d'entrer « chez nous » pour que l'Incarnation se renouvelle.

Il est une conversion que nous sommes capables d'accomplir.

Cette conversion, pourtant, ne nous rapproche pas de Dieu.

Elle est souverainement dangereuse.

Il est une conversion « réelle » qui nous éloigne de Dieu !

Cachés dans les espaces de la lumière

La seule transformation salutaire est celle que Dieu opère en nous.

Non pas celle que nous réalisons, mais celle que nous « subissons ».

La conversion qui nous sauve est celle que nous ne connaissons pas, celle que l'Esprit réalise en nous au moment où nous désespérons de nous-mêmes.

Une seule chose importe à notre faiblesse : fermer les yeux et nous cacher au foyer de la lumière, tout oublier de nos craintes et croire à l'inconditionnelle bienveillance de la beauté ; renoncer à nos corrections de trajectoire pour nous livrer à la toute-puissance de l'amour qui libère.

C'est la forme d'incarnation que l'Esprit appelle en nous.

« N'entretenez aucun souci » (Ph 4,6).

« Je sais vivre de peu »
(Ph 4,12)

La table est préparée

La plénitude est si peu exigeante !

Pourquoi le vide nous est-il si pénible à supporter ?

Nous convoitons le rassasiement comme une denrée inaccessible.

Pourtant, il est partout disponible.

Le mal est que nous sommes des invités distraits.

Nous cherchons la plénitude en des espaces qui ne la contiendront jamais !

Nous nous obstinons dans notre quête inopérante, pendant que, pour nous, la table du Père fume déjà de tous les mets préparés.

Rien à conquérir

Notre quête, quand finira-t-elle ?

Notre désir, quand s'apaisera-t-il ?

Il faut habituellement toute une vie pour arriver à discerner la nature du pain dont se nourrit le meilleur de nous-mêmes.

Nous sommes tous affectés du syndrome d'efficacité,

même si nous savons que la grâce éminente de la vie nouvelle est issue d'un tombeau où avait été enfermé Celui qui a privilégié le dépouillement le plus radical et l'inefficacité absolue, celle de la mort.

Nos instincts de conquête sont toujours sur le qui-vive en même temps que nous rêvons d'atteindre jusqu'aux rives de la Sagesse, là où les biens n'ont pas à être conquis, mais attendent de se mettre à notre service.

Un titre difficile à accepter

Nous sommes bien mal apprivoisés à la royauté.

Il ne convient pas qu'on nous serve !

Il ne convient surtout pas que le Seigneur lui-même se mette à notre service !

Comme Pierre, nous nous récusons en voyant l'amour agenouillé à nos pieds pour les embrasser.

Mais le Seigneur nous le répète : « C'est ainsi qu'il convient de faire les choses » (Mt 3,15).

L'Agneau de Dieu le laissait déjà entendre à celui dont la mission était de baptiser « les pécheurs repentants » !...

À la grande déception des bien-pensants, il n'était pas la « justice faite chair » pour rétablir l'ordre social et politique.

Notons bien que, pour nous, le plus difficile à accepter en Dieu est moins son titre de « serviteur » à notre endroit que notre éminente dignité.

Elle oblige Dieu à avoir envers nous des attitudes de respect qui bouleversent toutes les convenances.

Les victoires qui encombrent

Avec une relative facilité, nous avons réussi à apprendre l'humilité tout court.

Mais l'humilité de l'amour, celle qui, dans la limpidité de la joie, attend d'être servie par plus grand que soi, comme l'enfant par ses parents, cette humilité-là a bien du mal à prendre racine en nous.

Et nos victoires continuent d'encombrer nos parcours et de retarder notre marche, tandis que **le regard du Crucifié nous interroge sans relâche.**

Mon jeûne

Consentir à tout perdre pour tout gagner !

Nous aimerions que le défi nous laisse un peu plus de liberté de manœuvre.

Mais le radicalisme de l'Évangile nous invite à n'accorder aucune importance à notre vertu comme à nos mérites.

« Je jeûne deux fois la semaine, je donne la dîme de tout ce que j'acquiers » (Lc 18,12).

C'est au point qu'il semble se contredire lui-même, lui qui nous demande de « porter du fruit » (Jn 15,16).

Notre cœur est notre maître

Il suffit de si peu dans le Royaume pour atteindre à une fécondité sans fin : **être soi-même !**

Mais nous sommes irrespectueux de notre sanctuaire intérieur.

Notre cœur ne consentira jamais à être notre élève, il est notre maître ; néanmoins, nous nous obstinons à « l'éduquer » tout au long de notre vie.

Notre assurance mal assise

Il y a, cachés au fond de nous, de curieux espaces de liberté qui aspirent à produire un fruit qui demeure, un fruit qui ne déçoit pas.

À notre étonnement, ces mêmes espaces ne peuvent se nourrir que de dépouillement et de pauvreté.

On se demande alors si, d'une telle terre, il peut sortir quelque chose de bon.

La terre de l'Évangile répugne à être fumée par notre abondance, et cela, nous n'arrivons pas à le comprendre et à l'accepter.

L'apport de nos richesses risque de faire pourrir ses fruits les meilleurs.

Nous avons vu les moissons du grand frère venir entraver sa marche vers la célébration, et pourtant il importe au plus haut point que nos greniers soient bien garnis : c'est en cela toujours que repose notre assurance mal assise.

Par contre, le cœur douloureusement vide et déchiré de péchés, le cœur souffrant de sa pauvreté, endolori de toutes ses errances avortées, demeure le lieu privilégié du miracle et de la fête inespérée : « Tu ne repousses pas, ô mon Dieu, un cœur brisé et broyé » (Ps 50,19).

Voir toutes choses s'offrir à nous

Depuis si longtemps, nous espérons découvrir la source qui fera tout éclater en nous !

Mais cette source, si elle était déjà là ?

Et si notre labeur ne devait consister qu'à y prêter attention ?...

Quand aurons-nous le courage de reconnaître que la vie est gratuite ?

Dans la forêt, le chevreuil peut boire librement à chaque source rencontrée, mais précisément dans la mesure où il n'en « possède » aucune.

Et tous les chemins lui sont ouverts, parce qu'il ne marche pas pour atteindre un but.

Quand choisirons-nous de tout abandonner pour voir l'héritage nous tomber dans les mains ?

Il est absolument nécessaire que je me fasse arracher une à une mes pauvres valeurs, pour qu'au bout de mes larmes la fête me soit enfin accordée, pour comprendre que c'est le seul poids de mon être tourmenté qui peut déclencher la célébration dans la demeure du Père.

Notre cœur : unique possession

Une seule possession nous est permise : la « possession de notre cœur », mais c'est la dernière chose que nous convoitons.

Il est acquis, n'est-ce pas, que nous le possédons déjà.

Que d'idoles sont entrées chez moi avant que mon attention s'arrête à cette perle unique !

Comment penser que je puisse rencontrer Dieu sans avoir d'abord gagné mon centre ?

Dieu ne peut habiter que l'intime de l'être.

Le jour où nous posséderons notre cœur, l'univers et son Créateur seront devenus notre exclusif héritage.

Je suis la proie d'une loi mystérieuse voulant que la richesse et la vie jaillissent de partout et sans cause.

Au grand matin, le Christ de la gloire a tout envahi !

J'avais toujours ignoré que cette gloire ne peut atteindre le monde qu'après avoir traversé toute ma vie.

Il n'y a désormais de place disponible que pour le Christ de la gloire.

Agir comme si le monde pouvait encore contenir une réalité étrangère à la totalité de son triomphe devient pour moi le péché de la dernière heure.

Ce serait là arracher quelque chose à l'empire universel de la Résurrection.

Ce serait dérober à la seigneurie de la Pâque du Christ une partie de ses terres, terres qu'aucun pouvoir n'est autorisé à utiliser à ses fins particulières.

Arracher quelque chose à son empire

Le miracle est que je détiens désormais un pouvoir absolu sur cet empire.

Déjà, l'amour humain exige de régner seul sur le cœur de l'autre.

À combien plus forte raison cette loi est-elle l'apanage de la charité.

Mes ténèbres, mon péché, ma faiblesse, le vide de mon être, tout a été converti en assise de la gloire qui demeure.

Et l'anomalie par excellence serait que nous puissions vivre aujourd'hui encore comme des esclaves, ne pouvant rien d'autre que rêver de liberté et d'accomplissement.

Nous avons reçu un stupéfiant charisme, celui de faire éclore partout le printemps de Dieu.

Il existe malgré cela des lieux de tension au fond de notre être, et cela est inacceptable quand, en échange de nos chaînes, nous ont été offerts les ornements de la gloire du Christ.

Il nous faut le dire au monde, lui qui ignore qu'il est passé de la mort à la vie, de la servitude à la royauté.

Tout est accompli

Sommes-nous bien conscients de notre péché ?

L'avons-nous bien situé ?

Pendant combien de temps allons-nous persister à croire que la lumière du Ressuscité n'a pas déjà tout corrigé en nous ?

Quand, une fois dans notre vie, cette lumière aura eu la permission de franchir notre seuil, nous ne pourrons plus avancer comme nous l'avions fait jusque-là.

Derrière la pierre du tombeau

Un jour, un amateur de planche à voile s'est aventuré sur la mer.

À une certaine distance du rivage, le vent s'est levé, et notre homme a perdu la maîtrise de sa planche : il a été emporté.

Il nous en coûte d'abandonner notre gouvernail, non pas aux forces de la mort, mais au pouvoir de la vie.

Nous sommes-nous posé sérieusement la question, à savoir si nous n'aurions pas beaucoup plus peur de la vie que de la mort ?

Ce genre de questionnement ne nous est pas coutumier.

Peut-être parce que nous avons pris l'habitude de jouer plus volontiers avec la mort qu'avec la vie.

Les impasses de la mort, nous en avons fait si souvent l'expérience !

Le miracle de la vie nous est beaucoup moins familier.

Pourtant, nous n'avons plus la liberté, en tant que baptisés, d'agir et de réagir comme si la gloire du monde nouveau n'avait pas réussi à percer la pierre du tombeau, comme si, au sein du monde et au cœur de notre être, subsistaient des zones neutres et grises où la loi nouvelle, celle du triomphe de la vie sur la mort, pouvait se dispenser d'agir en tout temps et de toute manière.

Le temps du regret amer

Vient l'heure où, à force de regarder dans la direction de la lumière, tu te sentiras emporté par une force que tu ne peux plus gérer.

Tu ne saurais quêter sans fin sans recevoir de réponse, une réponse qui dépasse de loin tes attentes !

Un matin, tu auras la surprise de t'éveiller avec, au fond de toi, le capital immense de la liberté.

Tu ne connaîtras jamais la raison pour laquelle cette naissance aura pris corps en toi.

L'énigme planera toujours sur la manière dont aura pu s'accomplir en toi le passage à l'ordre nouveau.

D'ailleurs, tu n'auras plus le loisir de te poser de telles questions, occupé que tu seras à subir l'envahissement de tes terres par la vie.

Pour la première fois, tu pourras mesurer, dans une éclatante lumière, à quel point tu avais été esclave jusque-là.

Mais cette connaissance ne te servira plus de rien, parce que tu seras tout entier à la naissance éternelle de la liberté en toi.

Le passé sera révolu, celui des stériles regrets et de la timide espérance.

La stérilité du désert

Auparavant, tu devras expérimenter la longue traversée du désert, uniquement parce qu'aujourd'hui tu hésites à croire **à quel point il est simple de vivre, parce qu'aujourd'hui tu oses prétendre que la vie, avec sa plénitude, n'est pas déjà présente dans toute sa lumineuse beauté.**

Je me souviens de l'étonnement qui avait été le mien aux jours de mon enfance, en constatant qu'un arbre avait réussi à naître et à grandir sur un rocher, lavé par la pluie et brûlé par le soleil.

C'est là une image parlante de ce qui se passe dans notre vie de foi : notre existence de baptisés doit apprendre à se nourrir de presque rien et à vivre avec surabondance dans un régime de grande austérité.

À ce régime seulement elle peut entrer dans la plénitude.

Notre aptitude à assimiler les valeurs essentielles en arrivera à nous permettre de tirer notre subsistance à même la pierre froide, comme aux jours où, en plein désert, Moïse fit jaillir l'eau du rocher.

À cette condition, nous pourrons avoir part au rassasiement qui ne trompe pas.

Notre pain le plus savoureux et le plus substantiel lève dans l'éprouvante stérilité du désert.

Insuffisance du réservoir

Toute notre vie durant, nous cherchons comme à tâtons, bien que notre route soit débordante de la lumière du Ressuscité[1].

Nous nous sentons si faibles devant les épreuves qui jalonnent nos parcours, et pourtant **nous sommes à même de soulever l'écrasante pesanteur du monde, comme le Christ l'a fait avec la pierre du tombeau.**

Notre faiblesse est précisément le lieu du passage de la force de Dieu, et notre dénuement est seul en mesure de nous ouvrir à ce don absolu qu'est Dieu lui-même, ce don que, sans le savoir, nous avons inlassablement recherché.

Notre péché offert est l'unique puissance capable d'ouvrir toutes grandes les digues de la miséricorde.

Nous rêvons de voir les flots de la vie se déverser en nous, mais ce qui manque, ce n'est pas la rareté des eaux, c'est l'insuffisance du réservoir.

---

1 « Le Royaume est au milieu de vous » (Lc 17,21).

L'abondance qui avive le désir

L'Apôtre le dit : « Je sais me contenter de peu », mais il ajoute :

« Je sais aussi avoir tout ce qu'il me faut » (Ph 4,12).

L'Évangile nous met en garde contre le danger par excellence, celui de ne connaître que le rassasiement et la satisfaction.

Nous n'avons d'intérêt que pour l'abondance, et c'est justement celle-ci qui nous menace au plus haut point.

Pour conduire sans danger notre vie au sein de l'abondance, il nous faut avoir été informés par une autre sorte d'abondance, celle d'un cœur dilaté sans fin sous la poussée douloureuse du désir.

À ce moment, l'abondance n'est plus la réalité menaçante qui risque de nous ankyloser ; elle est convertie en un mystérieux pouvoir qui a le don de raviver le désir.

Quand la profondeur du désir a pris la première place dans un itinéraire, l'abondance ne peut entraver la marche ; elle est devenue pur instrument au service de ce désir qu'elle creuse et alimente.

Conduit au centre de toi-même

Plus haut, nous avons vu notre amateur de planche à voile se faire happer par le vent du grand large.

Il arrivera pour toi aussi qu'après avoir timidement entrouvert ta porte à la lumière, après avoir pu, pendant un certain temps, régler le débit de sa venue en toi, tu verras ton intérieur insensiblement envahi par l'ampleur de la vérité.

Peu à peu, son impétuosité va déborder sur ton être en désarroi.

Mais tu ne bénéficieras de la « terre promise » qu'au jour où cette force nouvelle, contre laquelle tu ne peux rien, se manifestera à toi comme ton indéfectible alliée.

Si le vent du large conduit le naufragé vers la mort, les forces vives qui te précèdent ne peuvent te conduire ailleurs qu'au centre de ton être et de ta vérité.

Comme une enfant docile

La vie ne demande rien : elle ne réclame que la permission d'être elle-même et de te conduire jusqu'à toi-même !

Elle n'attend que l'offrande de tes espaces stériles et vacants, ceux sur lesquels tu n'as toujours su que gémir et pleurer.

Ces espaces, tu les reconnaîtras enfin comme le lieu privilégié de l'accomplissement de la promesse.

La vie n'attend que ton consentement pour faire reverdir et fructifier tes terres incultes.

Il suffit en fait que tu les abandonnes entre ses mains de fée.

Tu te plains si souvent que l'existence chrétienne est remplie de difficultés.

Tu es injuste envers elle.

La vie n'a pas un visage de dureté, elle est une enfant docile au visage affable et doux.

Elle se tient près de toi comme une enfant endormie.

Rien de menaçant en tout cela.

Sa présence apaise.

En demeurant fidèle à elle-même

Et si tu perçois des aspérités en elle, c'est que tu séjournes trop loin de ton cœur, où elle a choisi de dormir jusqu'à ce

qu'elle t'ait persuadé que son repos est infiniment plus répa-
rateur et fécond que ton agitation inquiète et vaine.

Inlassablement, tu l'invites à se renier elle-même dans l'es-
pérance de la voir épouser tes parcours tourmentés.

Toutefois, aussi douce et docile qu'elle puisse être, elle ne
consentira jamais à entrer dans tes itinéraires compliqués.

Cela te chagrine peut-être, mais c'est en se refusant à tes
instances et en demeurant fidèle à elle-même que la vie te
libère.

« Vous serez mes témoins...
jusqu'aux extrémités de la terre »
(Ac 1,8)

Nos rêves et notre fragilité

Connaîtrons-nous un jour le repos et la paix ?

En finirons-nous de nous questionner ?

Cette « machine pensante » que nous sommes verra-t-elle ses désirs se réaliser enfin ?

Au terme de notre itinéraire, nos rêves ont-ils quelque chance de prendre un peu de consistance ?

Que d'obstacles sur notre route !

Que d'espérances déçues dans notre passé !

Que de projets avortés !

Que de craintes et de peurs inavouées !

Que de désillusions rencontrées chaque jour !

À commencer par l'épreuve de nos propres infidélités, en passant par l'indifférence ou l'opposition des autres, jusqu'à la déconvenue qui nous vient de notre Dieu lui-même – lui qui se fait inaccessible dans la mesure où nous nous efforçons de nous en rapprocher –, notre vie est tissée de mortifiantes expériences.

Au centre de tout cela, nos joies et nos réussites sont là, éphémères comme les fleurs du pommier au printemps, toujours à la merci de la première gelée.

L'interminable combat

Et, comme si nous n'avions jamais connu ce bagage négatif, notre cœur continue à construire ses châteaux.

Personne n'arrivera à le persuader de vivre sans rêver, et sans rêver plus grand que lui.

Comme si notre être avait été construit pour fonctionner en état de continuel échec en face des objectifs qu'il conçoit et poursuit.

À chaque matin qui surgit, nous reprenons le combat dans l'espoir de gagner quelques fragiles victoires ; nous le reprenons à notre lever, si toutefois nous avons eu la chance de le voir cesser durant la nuit, la nuit étant par excellence le lieu de l'angoisse et du combat.

Notre aspiration au repos

Et voilà que, dans cet impossible chemin qui est le nôtre, notre Dieu vient nous demander d'être « ses témoins jusqu'au bout du monde ».

Comme si le Créateur était pris du même mal que sa créature pour oser attendre de nous, inconscients et éparpillés, ce que nous ne pourrons jamais lui offrir.

Décidément, la maladie du « rêver trop grand » n'épargne personne, même pas le Seigneur, qui semble nourrir des espérances démesurées à notre endroit !

Et dire qu'en face de cette prétention de la part de notre Dieu, et en état constant d'échec, nous continuons d'aspirer au repos et à la paix, comme si c'était là une nourriture qui nous convenait !

La mort de notre cœur

Je vous le demande : qu'allons-nous faire de notre cœur, de cet incorrigible bâtisseur qui n'achève jamais ce qu'il a commencé à construire ?

Allons-nous lui interdire de rêver pour nous laisser goûter un instant de paix ?

Ce serait là sa mort et la nôtre aussi.

Non, que jamais la douleur de notre inaccomplissement ne disparaisse de notre vie !

Déchirés dans le secret

« Vous serez mes témoins. » Qu'est-ce à dire ?

C'est saint Paul qui nous donne la réponse : « La création tout entière gémit [...], et nous aussi nous gémissons » (Rm 8,22.23).

Il va nous falloir exorciser cette notion de témoin, sans quoi nous allons mourir à la tâche avant d'avoir atteint le résultat.

En se spiritualisant, toute réalité devient invisible aux yeux de chair.

La splendeur de la vérité se dérobe aux regards de ceux qui ne la désirent pas au point d'en être torturés jusque dans le secret de leur être.

Le témoignage par excellence

L'Évangile nous presse d'être les témoins de la lumière et de la vérité.

Avons-nous pensé que le témoignage auquel nous invite l'Évangile pourrait bien être cet état permanent de malaise intérieur qui vient faire de nous des êtres tendus et déchirés entre deux univers, celui de nos convoitises et celui de l'Esprit ?

« Je me complais dans la loi de Dieu du point de vue de l'homme intérieur ; mais j'aperçois une autre loi dans mes membres qui lutte contre la loi de ma raison et m'enchaîne à la loi du péché qui est dans mes membres » (Rm 7,22-23).

L'inaccessibilité de nos rêves, la permanence de l'insatisfaction, l'impossibilité où nous sommes de nous asseoir dans le repos, tout cela nous invite à ne pas attendre notre paix de l'accomplissement de nos désirs.

Tout nous engage à cesser la poursuite de leur réalisation.

Voilà ! C'est la déchirure de notre être intérieur qui devient le témoignage par excellence.

Quel saut !

À quoi sommes-nous donc appelés ?

Le jour qui vient d'ailleurs

Nous avons la mission de mettre en relief les nervures de l'Évangile, de purifier le christianisme de toutes les approches qui ne sont pas révélées.

Ainsi, il est beau d'être missionnaire, mais il n'y a pas que les chrétiens qui le sont : les membres d'un syndicat ou d'un parti politique se donnent à leur cause avec une générosité qui a de quoi nous faire rougir.

Le communisme athée a saigné ses membres à blanc pour recruter des adeptes et changer la société.

Ce n'est donc pas cette forme de mission qui caractérise l'Évangile, puisqu'un tel engagement est le lot de tout le monde.

L'Évangile nous demande d'être témoins parce qu'il veut montrer au monde que nous sommes en attente d'un accomplissement qui vient d'ailleurs que de nos mains.

La signature de l'échec

Depuis toujours, le monde cherche à se construire un univers où il ferait bon habiter.

Depuis des millénaires, l'échec est venu signer une multitude de ses tentatives.

Et aujourd'hui, le « paradis rouge » vient de s'écrouler avec ses fausses couleurs.

De son côté, la société de consommation, avec ses mirages, ne réussit qu'à vider notre cœur pour l'abandonner à son désespoir.

Le bruit des cymbales

L'engagement n'est, bien souvent, qu'une manière de nous dérober aux interrogations qui percent au fond de notre être de baptisés.

Nous avons choisi de nous soumettre à la brûlure de l'écartèlement entre notre mode humain de vivre et les appels de la Lumière.

Nous avons choisi de nous « livrer au feu » pour révéler à l'univers que ses chemins sont des impasses.

Nous avons choisi un mode de vie où nous sommes constamment exposés au jugement du monde.

C'est ainsi que nous le forçons à s'interroger.

Nous avons renoncé à faire valoir notre activité humaine pour consentir à recevoir le salut.

Voilà le témoignage qui vient tout remettre en question.

« Opium du peuple s'il en est !

Scandale pour les bien-pensants, folie pour les yeux qui sont fermés. »

En dehors de cette attitude, tout ne sera toujours que bruit de cymbale et vaine agitation.

Paradoxe inéluctable.

Et parce que nous n'aurons accordé aucun mérite à notre activité humaine, nous aurons accompli notre devoir au mieux, de façon totalement désintéressée, pour le bien des autres, dans la mesure où nous ne croyons pas à l'efficacité de l'œuvre de nos mains.

« Qu'on fasse comparaître Suzanne »
(Dn 13,29)

L'accidentel vole la vedette

L'Écriture nous raconte que Suzanne, une femme inno-
cente, a été condamnée sur l'accusation de deux vieillards
dévoyés, puis qu'elle fut sauvée en dernier recours par l'in-
tervention de Daniel.

Si nous pouvions procéder ici à un sondage psychologique,
il en ressortirait certainement que l'action spectaculaire de
Daniel a retenu notre attention beaucoup plus que la scène
remarquable rapportée par l'Évangile (Jn 8,1-11), où le
Christ tire d'embarras une femme surprise en adultère.

Daniel vole facilement la vedette au Christ.

C'est ainsi que, pour chacun de nous, le sensationnel risque
de mettre en veilleuse l'essentiel.

L'hérésie du superficiel nous guette à tout moment.

Le sacrilège des apparences prend le pas sur l'infinie dis-
crétion de la vie.

La signalisation du mal

C'est maintenant devenu une mode de signaler les injus-
tices, les injustices sociales en particulier.

Mais peu nombreux sont les volontaires, désireux de parta-
ger le sort des humiliés.

Il y a une joie très mauvaise à monter le mal en épingle[1].

La foule est volontiers impatiente de voir les malfaiteurs appréhendés et condamnés, mais l'humanité attend une réponse qui ait plus de profondeur.

Elle goûtera à un peu de paix quand elle apprendra que l'espèce humaine a été sauvée de son propre mal.

Trouver les coupables pour être en mesure de les juger et de les punir est un pénible métier pour le cœur de l'homme.

Si nous y inclinons si facilement, c'est que nous ignorons toujours la béatitude des miséricordieux.

Comment échapper à l'engrenage ?

Il y a une gloire certaine à changer comme par miracle le cours habituel des événements, à leur imposer de façon inattendue une nouvelle orientation, la nôtre, il va sans dire.

L'Évangile, pourtant, nous invite à rectifier d'abord notre propre trajectoire.

Il nous faut échapper à l'engrenage des systèmes non en les affrontant, non en les combattant, non en les réduisant, mais en les jugeant à la manière du Christ : en consentant à nous laisser crucifier par eux, à mourir sous le coup de leur injustice.

Si notre cœur était véritablement converti à la Bonne Nouvelle, il serait pour nous beaucoup plus pénible de voir

---

1 Quand le mal des autres est signalé à la une, il y a des chances que le nôtre soit gardé dans l'ombre.

Ce serait alors notre mauvaise conscience qui nous pousserait à dénoncer le mal sous le « vertueux » prétexte de faire justice.

Mourir sans raison, sous le coup de l'injustice des forts, c'est la vocation glorieuse des faibles et des innocents, vocation semblable à celle de L'INNOCENCE même qui, la première, a été crucifiée.

C'est déjà pour nous une défaite que « d'avoir entre nous des procès.

Pourquoi ne pas souffrir plutôt l'injustice ?

Pourquoi ne pas nous laisser plutôt dépouiller ? » (1 Co 6,7).

mourir les deux vieillards dépravés que de voir disparaître l'innocente Suzanne.

Le pouvoir aux puissants

La seule vocation qui reste alors en partage aux puissants est celle de pouvoir anéantir le faible et l'innocent, de pouvoir le faire sans craindre d'être remis eux-mêmes en question.

C'est l'abus d'un tel pouvoir débridé qui est susceptible d'éveiller les consciences endormies.

Le Christ, dans sa lumière, a tout essayé pour sortir les pauvres de leur misère, pour les évangéliser.

Il a pris leur défense, il a mis en relief leur valeur, comme dans le cas de la veuve et de son obole, mais, à la limite, il a choisi de devenir plus pauvre que tous les pauvres ensemble en mourant broyé dans le combat, vaincu sur toute la ligne.

Changer radicalement le cours des événements

Le Christ a tenté l'impossible pour convertir ses adversaires : miracles et argumentation. Mais, en dernière analyse, il a découvert qu'il lui manquait l'ultime argument, celui de se laisser vaincre par eux, de leur laisser la victoire.

Le Christ juge le monde en acceptant d'être indûment condamné par lui.

C'est là une manière bien déroutante de changer le cours des événements et de transformer notre intérieur.

Alors, c'est comme s'il n'y avait plus de chemin, ni devant, ni derrière.

Il n'y a plus de but, nous sommes désorientés.

Rien, en fait, de plus contradictoire que cette vocation du Christ, venu pour sauver les injustement condamnés, et qui meurt lui-même comme l'être le plus injustement condamné !

Il aurait donc raté son entrée[1] ?

Appel à l'héroïsme de l'innocence

Nous pouvons tous travailler à éteindre le mensonge en le signalant, puis en le faisant châtier, mais il est une manière plus divine d'en venir à bout.

Un registre d'intervention plus conforme aux critères de l'Esprit est à découvrir.

Il nous est demandé d'aller si loin dans l'innocence que nous en arrivions à ne plus pouvoir détecter ni voir le mensonge.

Nous devons apprendre à aimer au point de ne plus tenir compte du mal et de périr étouffés sous sa lourdeur, sans même désirer connaître le visage de notre bourreau alors que nous mourons sous sa main.

L'amour ne peut juger le monde qu'en expirant sous ses coups, sans chercher à se retourner pour voir celui qui le frappe.

Éviter notre propre jugement

Mais aucun baptisé ne pourra atteindre à un tel renversement des valeurs, s'il n'arrive d'abord à l'indulgence inconditionnelle envers lui-même.

Aussi longtemps que nous serons en état de blâmer notre cœur ou de nous laisser condamner par lui, il nous sera

---

1 On objectera, bien sûr, que si l'on cesse d'exercer la justice purement humaine, si limitée soit-elle, le mal va bientôt proliférer sans entraves.

À cette objection, on peut répondre ceci: d'abord, il y aura toujours immensément plus de gens qui choisiront la voie moins exigeante de la justice humaine.

Et puis, surtout, il n'y a aucune forme de capitulation à abandonner une forme inférieure d'agir pour une forme supérieure.

impossible de voir le mal sans sentir le besoin de le juger, de le mesurer, de l'évaluer et de l'évincer.

Cette tâche n'est pas à la mesure de l'homme.

Le jugement de l'amour

Si l'apôtre Paul ose dire que le spirituel juge de tout et n'est jugé par personne, c'est que le spirituel est entré en possession de cette sorte de jugement de l'amour.

Parvenus à ce point de liberté intérieure, nous pourrons juger jusqu'aux anges, et pas seulement les anges mais Dieu lui-même !

Je juge Dieu, c'est-à-dire je fais la vérité sur sa conduite : je dépose mon péché devant lui sans rien perdre de ma paix.

Je révèle ainsi à tous, et à ma conscience d'abord, que l'amour ne tient pas compte du mal.

La nature profonde de Dieu n'est pas de sanctionner ; elle se présente plutôt comme la réalité qui donne la première place à l'innocence du regard.

Et, volontiers, le fond de notre être se soumettra au verdict de l'amour quand il se verra habité par ce même amour.

Je dois faire vivre à mon cœur cette manière souveraine de corriger le mal pour le rendre maître de lui-même et de Dieu.

Ma justice résorbée dans la charité

En chacun de nous, il y a deux personnages : Suzanne et Daniel ; une partie de mon être est constamment sous le coup de l'injuste condamnation, comme Suzanne, et l'autre s'étudie à faire la part des choses, comme Daniel.

Mais cette fonction charismatique et prophétique de Daniel se verra un jour résorbée dans la charité parfaite, pour porter le seul jugement qui demeure éternellement, celui de l'amour.

À la suite du Christ en croix, tous les martyrs sont là pour en témoigner.

Quand nous aurons appris à voir toutes choses dans la pure charité, quand nous aurons appris à juger le monde en nous livrant pour le sauver, nous pourrons nous dispenser de le juger à la manière de toujours.

Il sera acculé à se juger lui-même.

Ce jour-là, tout s'accomplira, parce que nous serons entrés dans le repos de Dieu.

« Le vainqueur recevra un caillou blanc »
(Ap 2,17)

Des remises en question

Il nous faudrait avoir connu ce qu'on appelle « les camps de la mort » pour demeurer non pas dans la vérité, mais du moins plus près d'elle.

C'est un témoignage émouvant que celui du docteur Victor Frankl nous racontant ses quatre années d'enfer à Auschwitz.

Cette expérience inhumaine lui a révélé l'incroyable résistance de notre corps aux mauvais traitements.

Certains médecins avaient déterminé avec assez de précision combien de jours un organisme humain pouvait passer sans dormir, sans boire ou sans manger.

Frankl a eu la surprise de constater que, dans nombre de cas, ces données généralement admises ne correspondaient pas à la réalité.

Il y a, cachées dans les profondeurs de l'être humain, des réserves qui viennent bousculer toutes les évaluations qui avaient été faites sur sa capacité d'endurance.

Nos réserves insoupçonnées

Si de telles découvertes ont pu être observées dans l'ordre physique, que pouvons-nous entrevoir de nos réserves dans l'ordre spirituel et, plus encore, dans l'ordre surnaturel ?

Qu'en est-il de nos aspirations à vivre ?

Jusqu'où peut aller la charité, par exemple[1] ?

L'ignorance du mystère

Dieu a été bien indulgent envers nous ; c'est notre chance d'ignorer ce dont nous parlons quand nous avons la témérité d'aborder le thème de la charité.

La méconnaissance que nous avons de la profondeur de ce mystère nous permet de discourir sans fin sur ce sujet.

Avec plus de lumière, nous n'aurions d'autre choix que de nous mettre la main sur la bouche.

Si nous arrivions à purifier notre concept de charité de tout ce qui l'englue, le restreint et le morcelle, nous n'oserions plus aborder une pareille question.

La grandeur cachée

Défi surhumain alors que celui d'évangéliser ?

Assurément oui !

Mais ce qui est impossible à l'homme est possible à Dieu.

L'Évangile nous révèle qu'il suffit de prendre vivement conscience de notre condition de pécheurs et de perdus pour nous sentir obligés – sans autre possibilité – d'accepter une invraisemblable qualité de salut.

Aussi longtemps qu'en tout ou en partie notre paix chrétienne reposera sur quelque chose de raisonnable, nous ne connaîtrons pas la richesse et l'originalité du salut qui nous est offert.

L'expérience des camps de la mort nous laisse deviner tout ce qui peut dormir de grandeur et de beauté cachées dans l'ordre de la foi.

---

1 Qui de nous est en mesure de répondre à une semblable interrogation ?

La possible perversion de l'ordre

Être réduit à rien, comme homme ou comme enfant de Dieu...

Il suffit de nous ouvrir au pardon, mais à quel pardon, je vous le demande ?

Qu'en est-il de notre vision de la perfection chrétienne ?

Un texte de Gabriel Marcel vient jeter le trouble dans nos approches trop confortables de la vérité révélée.

« Il ne s'agit certes pas de faire l'apologie du désordre, mais il convient, je crois, d'observer que l'ordre sous ses formes bureaucratiques, là où il est poussé à l'extrême, ne présente pas seulement un caractère de neutralité, par rapport aux valeurs elles-mêmes, mais qu'il contient en soi un germe de perversion, peut-être d'abord parce que l'apparence de perfection qu'il affecte comporte une complaisance à soi-même, dont je crains bien qu'on ne puisse pas contester le caractère Luciférien.

« Mais du luciférien au satanique, la transition s'opère insensiblement.

« Que les technocrates auxquels notre monde est de plus en plus livré, hélas, prennent garde à ce péril auquel ils sont tous exposés, si la volonté d'organisation qui les anime ne trouve pas son contrepoids dans cette force qui ne réside que dans l'âme et où les écervelés croiront trouver le contraire d'une force, car elle s'appelle l'humilité[1]. »

L'accueil du salut

En même temps que nous sommes écrasés par un mystère, celui de l'amour, nous sommes héritiers d'une force qui dé-

---

[1] Victor E. Frankl, docteur, *Découvrir un sens à sa vie avec la logothérapie*, Éditions de l'Homme, p. 16.

passe nos attentes humaines et, par manque d'attention, nous n'arriverons jamais à le mettre en exercice.

Nous n'avons pas l'audace de ce que nous sommes.

Si notre christianisme est l'autre chose que l'observance d'une loi, si sublime soit-elle, il nous faudra, nous aussi, en venir un jour à cette conscience surnaturelle de notre être de baptisés.

Quand nous aurons le courage de dire et de croire que nous sommes la lumière du monde, le resplendissement de la gloire du Père, alors, autour de nous, on ramassera des pierres pour nous les lancer, comme on l'a fait pour tant de prophètes.

Ceux qui auront entendu un pareil témoignage n'auront pas compris que nous pouvons être lumière du monde et resplendissement de la gloire de Dieu non pas en atteignant à ce genre de perfection décrit plus haut par Gabriel Marcel, mais en recevant le salut dans notre être de péché.

Le cri vers l'inaccessible

Nous ne sommes pas seulement des lieux de passage pour la vie, nous devons en être les greniers dont la mission est de déborder sur le monde.

Il n'est pas juste de dire que la vie passe par nous.

Elle s'enracine en notre être et nous transforme en vases débordants.

Et ce qui est vrai pour chaque baptisé l'est tout autant pour la communauté chrétienne.

Une communauté « vivante » n'est pas d'abord celle où la chaleur de la charité est manifeste, ce qui est déjà beaucoup, mais celle qui se sent interpellée au-delà des mots et qui, en réponse, devient un cri vers l'inaccessible, celle qui subit l'enfantement de l'impossible.

Nos larmes manquent de fond

Cela, encore une fois, non pas dans un héroïsme humain, mais dans un état de tension vers l'indicible et au milieu de larmes qui s'apparentent à celles de la prostituée.

Nos larmes manquent habituellement de fond.

Qui ou quoi viendra nous introduire dans les espaces illimités du repentir ?

Qui nous découvrira notre capacité de vie ?

Qui nous fera prendre contact avec nous-mêmes ?

Qui ou quoi nous laissera soupçonner l'intensité de cette vie dont nous sommes les porteurs ?

Quelle enfance ?

Nous voilà en face d'un agenda bien chargé pour notre faiblesse.

Mais détrompons-nous, le défi en question est un défi d'enfant.

On répondra : « C'est très simple », dans le sens de facile.

Parler ainsi manifesterait que nous n'avons rien compris à la nature de l'enfance en question.

Si devenir enfant, au sens évangélique du mot, ne nous apparaît pas comme la chose la plus redoutable, celle qui est la plus éloignée de nos habitudes spontanées, nous n'avons pas encore pressenti l'originalité du chemin qui nous est proposé.

Enfants du Père

J'ai expliqué ailleurs qu'il était plus facile de mourir brûlé par le feu dans un acte héroïque de générosité – nombre de païens en ont été capables pour des raisons purement politiques – que de vivre en face de Dieu, en toutes circonstances, comme un enfant.

Il est facile de dire et de répéter que nous sommes les enfants du Père.

Il est facile aussi de le croire.

Il est facile de réciter le Pater plusieurs fois par jour, mais être fils dans le Fils est un mystère insondable auquel seul l'Esprit de Dieu peut nous éveiller.

Vertu ou péché ?

Au moment d'être mis aux arrêts, le Christ a ordonné à Pierre de remettre son épée au fourreau.

L'Apôtre n'avait pas compris que la voie ultime du Royaume était celle du dépouillement.

Il nous en coûte d'apprendre à verser nos larmes de lumière.

Instinctivement, devant Dieu, nous avons recours à nos œuvres bonnes et à nos vertus, tandis que notre péché nous terrorise.

Donner après avoir reçu

Le dernier concile a heureusement attiré notre attention sur le fait que l'eucharistie n'était pas le seul mode de présence du Christ parmi nous, que la Parole et l'assemblée chrétienne étaient aussi porteuses du mystère du Christ.

Il reste que c'est dans le cœur de chaque baptisé que se trouve la plus importante des présences du Christ, là où il parle.

Tous les autres modes de présence, y compris celui de l'eucharistie, sont ordonnés à celui-là.

On dira alors que c'est le triomphe de l'individu sur la communauté.

Oui, et tout est orienté vers cela.

Comme le Christ a commencé par se nourrir de l'Écriture pour devenir lui-même le fondement de l'Écriture, de la même manière, chacun de nous, après avoir commencé par recevoir de la communauté, après avoir été nourri par elle, doit arriver à pouvoir la nourrir de sa surabondance[1].

Le caillou de l'Apocalypse

La liturgie, il est vrai, ne se situe pas explicitement à ce niveau.

Mais tôt ou tard, chacun de nous comprendra qu'elle n'agit qu'en fonction de ce but.

La liturgie et la communauté chrétienne sont au service de notre cœur de baptisés, c'est leur raison d'être.

C'est là l'aboutissement de toute démarche chrétienne.

Au dernier jour, nous dit l'Apocalypse, « le vainqueur recevra un caillou blanc sur lequel sera inscrit son nom que lui seul et Dieu pourront connaître » (Ap 2,17).

Et le meilleur de la joie des élus sera de respecter l'inviolabilité de ce secret.

Nos protocoles arides

Avec l'Évangile, nous serons toujours confrontés aux paradoxes.

Le Christ fait passer la charité avant l'accomplissement des préceptes de la loi, mais il affirme en même temps que pas un iota ne sera effacé de la loi (Mt 5,18).

---

1 Cette loi du renversement des situations est semée partout dans notre monde ; en est une preuve, entre des milliers d'autres preuves, l'enfant qui, à la naissance, reçoit l'aide de ses parents et qui, rendu à l'âge adulte, soutient la vieillesse de ses mêmes parents.

De même, si la communauté est au service du baptisé que je suis, il reste que je serai accompli en charité le jour seulement où je me donnerai tout entier au service de ma communauté.

L'Esprit ne cesse de bousculer nos protocoles arides.

L'esthétique du Père

Aux jours de notre enfance, nous apportions notre modeste contribution pour la propagation de la foi.

Nous aspirions à voir les masses et les élites s'enrôler dans les rangs de l'Église.

L'Écriture, elle, nous parle du petit reste, de la souche qui rebourgeonne péniblement, du Témoin par excellence de l'ordre nouveau, qui meurt seul, abandonné des siens, trahi et renié.

Les performances et les chefs-d'œuvre des grands esprits n'émeuvent en rien la sensibilité esthétique du Père.

La nature du combat

Avec humour, un religieux racontait qu'après quarante ans d'efforts pour se dépouiller il avait dû consentir un autre effort pour accueillir le centuple promis par le Royaume.

Les défis remplissent nos chemins et changent de nature au fur et à mesure que nous avançons.

Ils deviennent plus spirituels.

La difficulté consiste moins à les surmonter qu'à prendre conscience de leur nouveauté et à ne pas demeurer dans la première forme de combat, la nôtre.

Nous devons apprendre à lutter d'une autre manière.

Accepter gratuitement

Comme les ouvriers de la première heure, nous sommes appelés à nous réjouir de ce que ceux de la onzième heure touchent le même salaire que nous.

Nous devons en arriver à ne voir aucune relation entre ce que nous donnons et ce que nous recevons.

Le plus difficile n'est pas de voir ceux qui ont moins travaillé que nous obtenir la même récompense, ou une récompense supérieure à la nôtre, mais d'avoir à accepter ce que nous n'avons pas mérité [1].

L'heure de l'Esprit

Instinctivement, nous cherchons des assises dans notre agir.

Mais l'Évangile nous dit que notre force est en Dieu, dans le salut auquel il nous ouvre.

En accord avec toute l'Écriture, le Christ se montre intraitable envers ceux qui se confient en leurs œuvres.

Et pourtant, comme il nous demeure pénible de lâcher tout ce qui vient de nous pour ne compter que sur ce qui vient de Dieu.

C'est cela, ne pas manquer l'heure de l'Esprit.

C'est cela, faire éclore dans notre quotidien les espaces du monde nouveau.

Le martyre spirituel

Il y a pour le baptisé un défi plus redoutable que celui de donner sa vie dans le martyre, un défi beaucoup plus rare aussi.

---

1 Je prie parce que, déjà, je suis exaucé.

Il consiste à découvrir, déjà présents en lui, les traits consommés du martyr et les caractéristiques du Royaume « déjà parmi nous ».

L'Esprit Saint, dès aujourd'hui, fait de nous les émules de ceux qui, aux origines de l'Église, ont versé leur sang dans l'arène.

Nous sommes séparés du monde, mis à part, de par l'expérience du passage à travers les eaux de notre baptême.

Plus le martyre gagne en pureté, plus il devient imperceptible aux yeux de tous et aux yeux mêmes de celui qui le vit.

Le martyre de nos larmes

Il y a le martyre du sang, il y a le martyre du cœur et, plus profond encore, le martyre de l'esprit.

C'est la charité qui purifiera notre regard pour lui permettre de lire la beauté apaisante du visage du Père dans la multitude de ces vies déchirées que nous rencontrons sur nos chemins, dans la solitude désespérante qui hante le cœur de tant d'adultes et d'enfants ; à la limite, dans la désolation de notre propre cœur et jusque dans la douleur de nos infidélités.

L'ultime aboutissement de la foi est situé, pourrait-on dire, dans cette capacité de percevoir comme une couleur du martyre la souffrance qui vient de nos infidélités.

Notre Église et celle des martyrs

Pensons à l'abondance des larmes aujourd'hui répandues : larmes visibles et, plus encore, larmes intérieures, larmes versées, semble-t-il, en pure perte. Ces larmes seront-elles enfin élevées à la dignité du martyre ?

Quand recevront-elles leur statut de témoins de l'infini au cœur de notre pauvre monde, pauvre, non à cause de la présence des larmes, mais parce que la grandeur et la beauté de ces mêmes larmes n'auront pas été reconnues par nous pour ce qu'elles sont aux yeux du Père.

Serons-nous surpris d'apprendre un jour que l'Église d'aujourd'hui, la nôtre, celle dont nous sommes les pierres vivantes, n'aura eu rien à envier à l'Église des persécutions romaines, des martyrs et des cathédrales ?

La charité qui guérit

Recevrons-nous la grâce de vivre à l'heure de l'Esprit, ou resterons-nous toujours à notre heure seulement ?

Que de choses à rectifier dans nos approches !

Devant notre péché, le premier réflexe est toujours de vouloir l'expier, de chercher d'abord à le réparer, comme si nous ne pouvions accepter le fait que c'est l'amour qui détruit le péché, parce que celui-ci est précisément ce qui s'oppose à l'amour.

Ajoutons encore que l'amour dont il est question n'est pas celui de la fidélité irréprochable, mais celui de la confession confiante de notre pauvreté devant l'amour qui sauve, à l'image de ce qu'ont vécu tous les sauvés de l'Évangile.

L'insignifiance de notre vie

Notre formation nous amène à préparer le salut, alors que l'Esprit nous invite à recevoir ce même salut et sa surabondance.

C'est le regard du Christ qui fait les élus.

Il les sort de l'ombre, et de quelle ombre !

Il est difficile pour nous d'admettre que les simples de la terre peuvent avoir une valeur éminente aux yeux de Dieu.

Il est plus difficile de nous croire l'enfant bien-aimé du Père, au moment où notre conscience nous accable.

Mais le plus ardu restera toujours l'insignifiance de notre pauvre vie.

Comment l'amour de Dieu peut-il se nourrir d'une telle pauvreté ?

La lumière de mon insignifiance

Le Christ ne reçoit pas la lumière afin de pouvoir contempler ce qui s'offre à lui.

Son regard étant porteur de lumière, il éclaire toutes choses, à commencer par nos ténèbres.

Ainsi donc, le marginal, le paresseux, l'égoïste, le tiède que je suis peut faire resplendir l'univers nouveau avec la lumière de sa pauvreté et la banalité de sa vie.

Où est la nuit ?

De nos jours, ce ne sont plus les corps qui se voient déchirés par la dent des bêtes ou brûlés vifs par le feu.

Aujourd'hui, c'est le cœur de l'homme qui étouffe, emprisonné dans le non-sens des objectifs que lui propose la société de consommation.

C'est l'âme affolée des jeunes qui, devant un avenir fermé, n'ont d'autre choix que de se jeter en bas des ponts.

Au plus fort de la nuit terrible, il n'est plus question d'évaluer et de discerner.

Il s'agit de me sauver du naufrage.

Et dans cette situation désespérée, personne ne peut distinguer dans sa vie les descriptions de la nuit mystique dont nous parlent les auteurs spirituels.

L'invisible bourreau

Si nous pouvions nous y reconnaître, nous ne serions plus dans la nuit.

C'est cette nuit-là qui conduit à la lumière.

Là seulement, la nuit est réellement la nuit : quand notre détresse n'a même plus la couleur de la nuit.

Une fois traversée, cette nuit pourra être perçue comme chemin de purification qui mène à la vie.

Les martyrs étaient capables de reconnaître facilement la main et le visage de leur bourreau, mais, au cœur de notre drame contemporain, on ne voit plus la main qui frappe.

C'est comme si le martyr d'aujourd'hui mourait de sa propre main.

C'est l'ambiance où nous vivons qui pousse vers le précipice.

C'est l'absence de relations durables et profondes dans l'amour.

Ce sont les événements qui se bousculent, la rapidité, le manque d'espace et de temps, l'écologie menacée et tant de massacres quotidiens.

Le martyre de la cocaïne

Jadis le martyr était auréolé aux yeux de tous et à ses propres yeux.

Aujourd'hui, le raffinement du supplice fait que le martyr meurt dans la seule gloire de l'insignifiance, de la culpabilité et de l'échec, et c'est en cela qu'il est configuré à l'Homme-Dieu sur la croix.

Le martyr de jadis devait compter avec la dent des bêtes, avec le feu et le fouet.

Aujourd'hui, à ce même martyr, nous enlevons la gloire en appelant son supplice : suicide, divorce, cocaïne.

Une gloire cachée

Dans l'Évangile, le regard du Christ change les rejetés en élus, les déchus en êtres de lumière.

Le Sauveur les révèle à eux-mêmes et au monde par la qualité du regard qu'il porte sur eux.

Voilà notre défi.

Ce n'est pas parce que notre monde est pris dans un engrenage où se perdent le sens du sacré et le respect des valeurs profondes que nous devons lui refuser la gloire du martyre.

Comme si la multitude des participants pouvait enlever quelque chose à l'intensité de la souffrance.

La main de l'Esprit

À l'heure où nous vivons, l'Esprit tranche dans le vif.

Il nous sépare de nous-mêmes.

C'est l'irréparable brisure du vieil homme qui s'opère alors, sous le scalpel de la vérité.

La lumière de l'Esprit pénètre jusqu'où notre main avait vainement et témérairement voulu atteindre.

Rendus à nous-mêmes

Ce n'est pas en multipliant les connaissances que nous aurons accès à la lumière promise, mais quand nous serons réduits à l'unité intérieure, à cette sorte de synthèse victorieuse qui enveloppe indistinctement toutes choses dans un mode supérieur.

Nous sommes aux prises avec des réalités qui sont plus grandes que nous.

Non seulement elles nous dépassent, mais elles nous dominent.

La science a cru un instant les contenir mais, après chaque découverte, la vie recule ses horizons et invente ironiquement d'autres espaces et d'autres impasses, pour que l'homme puisse continuer ainsi de croire à sa naïveté et de nourrir sans fin ses prétentions infantiles.

Tout nous invite à entrer dans notre jardin, tout nous y ramène continuellement et graduellement, jusqu'à la mort où nous nous verrons séparés de tout et enfin rendus à nous-mêmes.

La part des choses

Le jour où nous aurons la sagesse de gagner notre centre, une surprise nous attend : nous constaterons avec émerveillement qu'en nous les espaces de la lumière tiennent beaucoup plus de place que ceux du mal et du péché.

Et si notre conscience accablée veut nous persuader que le mal occupe plus de surface, il nous sera révélé que les espaces de la lumière vont dans le sens de la profondeur.

Les pierres ramassées

Nous n'avons pas encore l'audace de notre propre parole.

Vient l'heure où, à la suite du Christ, nous pourrons dire :

« Je suis la lumière du monde » (Jn 9,5) ;

« L'amour, c'est moi ;

« Je suis la beauté que le Père contemple avec une joie sans fin » ; ce jour-là, nous aurons été initiés au langage de la maison.

À l'intérieur des murs de celle-ci, nous nous comprendrons, même si ceux du dehors ramassent des pierres pour nous les lancer.

Outrageante prétention

« Tu ne ferais pas partie comme nous tous de la race des menteurs et des perdus ? »

« Tu oses te dire un tenant de la vérité dans un monde où c'est le mensonge qui est roi ? »

« Irrecevable prétention, inacceptable outrage à ta nature qui, comme la nôtre, est marquée par le péché. »

Le nécessaire scandale

Notre langage, comme la parole du Christ, doit en arriver à provoquer des ruptures :

« Ce langage est inacceptable, qui peut l'entendre ? » (Jn 6,60).

« Paul, nous t'écouterons une autre fois » (Ac 17,32).

« Paul, ton grand savoir te fait perdre la tête » (Ac 26,24).

« On a mis quarante-six ans à construire ce Temple, et toi, en trois jours tu le rebâtirais ? » (Jn 2,20).

Notons qu'il est beaucoup plus important de scandaliser ainsi à la manière du Christ que de passer effectivement le message.

La parole qui ne meurt pas

C'est en croix que le Christ lance son ultime interpellation, celle qui dit tout, qui confond la fourberie cachée en la laissant à sa fausse victoire.

Mais, en réponse à ce cri, une inquiétude a été semée : elle fera son chemin.

Le langage en question n'est pas celui qui sort de notre bouche.

La parole de notre bouche peut tromper les autres et nous tromper nous-mêmes.

La parole qui émane de tout notre être, celle qui ne peut nous mentir ni mentir aux autres, celle que, de toute éternité, Dieu a contemplée au fond de nous, voilà ce dont il s'agit.

Entre l'âme et l'esprit

Quelle mission que celle de nous offrir au questionnement de l'être comme une proie sans défense, pour nous voir emportés dans les espaces de la solitude, là où les amis, ne nous comprenant plus, s'éloignent peu à peu, au moment où, comme pour le Christ à Gethsémani, leur présence nous serait indispensable !

La rencontre avec le tout exige la virginité radicale du cœur et de l'âme.

Il importe de bien discerner la présence de l'Esprit dans les méandres de nos itinéraires.

Sa violence est à l'image de celle de l'amour qui exige tout.

Son aile s'infiltre jusqu'à ce lieu où le Créateur a dessiné la ligne de démarcation entre l'âme et l'esprit.

Alors, tout ce qui bouge dans l'ordre humain perd de son importance et devient sans relief.

Au creuset de notre nuit

On est conduit à s'étioler dans l'éternel pareil du désert intérieur, là où les dunes de sable, indifférenciées, se succèdent jusqu'à l'infini.

Il nous faut habituellement toute une vie de désirs et d'attentes pour arriver à percevoir au cœur de cette mort apparente, au plus creux de cette désolation sans nom, dans le tragique de ce silence insupportable, la mélodie sublime du chant des béatitudes.

Jusque-là on avait dû parcourir le monde et être à l'affût des nouvelles pour mesurer l'étendue et la profondeur de la souffrance qui habite des populations entières.

Mais à cette heure de l'Esprit, il est donné de comprendre, pour la première fois, que nous ne pouvons mesurer la souffrance des autres qu'en descendant au fond de notre propre souffrance, au dernier creuset de notre nuit.

Seul dans la souffrance

Pour atteindre à cette mesure de l'essentiel des autres, il aura fallu se livrer d'abord à l'intensité du « pourquoi de l'être », vivre sa propre nuit.

Le docteur Victor Frankl parle d'une expérience mortelle qu'il fit au sortir de l'enfer d'Auschwitz : essayant d'éveiller les siens aux ténèbres et au désespoir vécus par tant d'hommes et de femmes qui, comme lui, étaient passés par l'épreuve de la mort, désirant faire comprendre à ses proches le drame terrible qu'avait été cette traversée de la nuit, il s'était fait répondre : « Nous aussi nous avons souffert. »

Ceux à qui il s'adressait étaient incapables de mesurer la densité de la souffrance et de la désespérance qu'il avait connues.

En somme, ils étaient aussi attentifs à ce qu'eux-mêmes avaient vécu de privation qu'à cet abîme de ténèbres où avaient pu descendre ceux qui étaient derrière les murs de la mort.

Expérience et compassion

De la même manière, nous risquons aujourd'hui de commettre cette injustice envers le tiers monde et, de façon plus inacceptable encore, envers les souffrances et les angoisses qui remplissent la vie de ceux que nous côtoyons chaque jour.

Il n'y aura toujours pour nous qu'un seul chemin pour les rejoindre jusqu'au fond de leur détresse : **toucher à l'intérieur de nous-mêmes le lieu de toute souffrance.**

Je ne pourrai jamais compatir à la souffrance de l'autre si je n'ai d'abord subi la même épreuve.

Jusqu'à l'autre mission

C'est que la mort ne peut pas être expérimentée dans un acte, mais dans un état, état qui nous oblige à connaître notre enfer intérieur, à nous livrer au pouvoir de la vérité, à être brûlés par notre propre feu, celui qui vient déraciner en nous toutes les subtilités du mensonge, et qui nous arrache violemment à toutes formes d'illusions.

À cette heure, il n'y a plus de place pour la discussion autour de l'existence du péché originel.

C'est chose acquise, c'est une réalité qui fait partie des évidences criantes.

La question n'appartient plus aux théologiens, encore moins aux philosophes, mais à celui-là seul qui, à son insu, a été conduit à travers la nuit jusqu'à l'autre vision, jusqu'à l'autre lumière.

« D'où l'as-tu donc, l'eau vive ? »
(Jn 4,11)

Tristesse de nos chemins

Ceux qui nous ont précédés et nous ont tracé la route risquent de faire disqualifier notre vie.

Notre cheminement apparaît bien terne, bien médiocre, quand il se mesure à leur itinéraire.

Tirer la sève de toute chose rencontrée

C'est qu'à force de marcher dans le même chemin, nous sommes exposés à ne plus voir la beauté du parcours.

En persistant dans la routine, on en vient à ne plus prêter attention à la vivacité des couleurs.

Pour nous, rien n'est difficile comme de conserver la fraîcheur des commencements.

Vivre, ce n'est pas profiter de ce qui nous est donné, c'est aller chercher la sève qui se cache sous les dehors de toute personne et de toute chose rencontrées.

Mais nous ne pouvons ressusciter ce qui nous entoure si nous n'avons pas expérimenté d'abord notre résurrection, si nous n'avons pas été rendus à nous-mêmes.

Ce qui nous informe dans le secret

De par sa nature, notre vocation est déjà unique : elle tranche sur l'agir de ceux qui n'ont pas la foi.

Mais l'originalité de notre vie ne repose pas en premier lieu sur les rites et les observances.

Ce qui fait la singularité de notre existence, ce qui lui donne son souffle et sa joie, c'est ce qui nous informe dans le secret de notre être.

Au milieu de tous les baptisés et de tous les consacrés, chacun de nous a sa grâce individuelle, et c'est là la richesse de la communauté.

Absents de nous-mêmes

Il n'appartient qu'à nous de donner de la couleur à notre vie.

Nous avons la responsabilité de découvrir la spécificité de notre visage intérieur.

Aux jours où le dégoût et l'ennui nous visitent, nous sommes tentés de chercher ailleurs ; le désir des compensations nous travaille, le rêve d'une communauté parfaite nous hante, mais alors, c'est toujours de « nous » que nous nous ennuyons.

C'est notre absence que nous pleurons [1].

Au cœur de tout problème, il n'y aura toujours qu'un seul mal, celui d'être absents de nous-mêmes.

Nous ne nous donnons pas la permission de circuler dans notre propre jardin.

Exilés de notre terre

Phénomène renversant : il y a en nous les interdits du mal, les refus de notre conscience morale, mais plus encore les interdits du bien.

---

1 Paradoxe : notre communauté deviendra parfaite le jour seulement où, dans la paix, nous accepterons l'incorrigible imperfection de notre cœur.

Il semble que nous n'ayons pas le droit d'assouvir notre soif de vivre.

C'est comme si nous avions accepté de nous voir condamnés à l'insatisfaction.

Nous faisons partie du cortège des incompris, et le préjugé est lourd à porter, mais ce n'est pas là ce qui paralyse notre marche.

Le mal, c'est la non-reconnaissance de nous-mêmes.

Nous vivons en exilés de notre terre.

Inacceptable désordre

La vie nous a confié une mission dangereuse : elle nous refuse les satisfactions faciles et nous oblige à opter pour l'accomplissement de notre être, qui restera toujours la plus importante de nos réalisations.

Nous sommes distraits de nous-mêmes !

C'est là le plus inacceptable des désordres.

C'est ce drame inconscient qui engendre en nous tant de tristesse et de souffrance.

Nous oublions si souvent le défi essentiel de notre vie : devenir nous-mêmes, avoir accès à notre liberté intérieure.

L'intensité paisible

Que penserions-nous de notre rosier s'il se mettait en tête de produire de succulents petits pois verts, sous prétexte que ce rendement est plus utile que la couleur et l'arôme des fleurs ?

Pourtant, dans notre vie, que de démarches rentables et efficaces passent outrageusement avant la beauté et l'harmonie de notre intérieur !

La Vierge a nourri Dieu de sa substance.

C'est une image de la manière dont nous devons à notre tour nourrir l'Église et le monde : par notre densité d'être avant et mieux que par nos agirs.

Mais comme il est ardu de nous maintenir à ce niveau d'intensité paisible qui est tout le bonheur d'une vie !

Criante injustice

Notre conscience d'être est infiniment fragile.

Notre réaction de tristesse quand, d'une part, on nous oublie ou nous mésestime et, d'autre part, la satisfaction que nous éprouvons quand on veut bien nous féliciter pour nos réussites et nos performances en sont la preuve.

Nous avons besoin de la permission des autres pour respirer.

Quelle injustice envers notre capital !

Nous ignorons les zones de vie qui dorment au cœur de notre être.

La présence de l'ineffable

Un mystère se vit quelque part au fond de nous : nous faisons très souvent l'expérience de l'essentiel et de l'infini, mais nous n'en avons pas conscience, nous ne reconnaissons pas cette expérience.

Ce paradoxe demeure notre fait.

Il faudra qu'au long des années et au prix de bien des souffrances nos antennes spirituelles s'affinent pour que nous arrivions à percevoir en nous la présence de l'ineffable.

Il y a très peu d'éléments qui changent ou qui croissent dans notre vie.

Il n'y a pas d'évolution au niveau de notre être et de l'essentiel.

Il n'y aura toujours que la conscience de plus en plus vive de notre nature déjà transfigurée.

« Sitio »
(Jn 19,28)

Nécessaire dépouillement

C'est depuis toujours que la souffrance tenaille le monde en même temps que le cœur de l'homme.

C'est une loi : toute vie doit être traversée de mort.

Toute fécondité a ses racines dans le dépouillement.

Toute naissance doit être marquée du sceau de la douleur.

Il n'est pas jusqu'à notre joie qui, pour être pleine, n'exige de se voir sans cesse purifiée.

Impossible de mourir

C'est avec nous-mêmes que nous sommes aux prises.

Notre soif est si ardente qu'elle appelle tous les obstacles afin de pouvoir mieux s'affirmer.

Nous demeurons impuissants à nous affranchir de cet appel au dépassement qui nous atteint jusque dans nos os.

Dans nos racines se cache une réalité que nous ne réussirons jamais à enterrer, une puissance de vie qui ne consentira jamais à mourir.

Notre code d'être

La vie est un mouvement qui oscille incessamment entre la détresse et la surabondance.

Nous avons besoin d'éprouver le désarroi pour que s'éveille notre capacité d'être.

Il y a, inscrit quelque part en nous, un code en vertu duquel nous exigeons de gémir et de pleurer pour être en mesure de mieux nous connaître et d'aimer jusqu'au bout.

Fruits de mort

Nous avons tous fait l'expérience de ces joies trop faciles qui dessèchent le cœur et qui, à la longue, engendrent une inguérissable désolation, un sentiment de vide insupportable.

Nous avons tous connu cette sorte de paix trouble et instable qui, sournoisement, porte l'angoisse en ses flancs.

Nous avons tous consommé de ces fruits qui, en bout de ligne, se sont révélés porteurs de tristesse et de mort.

Nous n'avons pas la liberté de donner à notre cœur n'importe quelle nourriture.

Le reniement de notre intérieur

Il nous est bien difficile d'accepter cette partie de nous-mêmes ouverte sur l'infini et l'absolu.

Notre nature a du mal à vivre au-dessus de ses seules aspirations, mais nous n'avons plus le choix, nous sommes devenus les esclaves de la lumière que nous avons reçue.

Il est troublant de penser à quel point nous demeurons loin de ce que nous sommes en vérité.

Nous avons mis tout en œuvre pour nous évader de cette contrainte et connaître un peu de repos, mais c'était là renier notre intérieur et sa richesse.

La fleur ou le fruit

La loi universelle, celle qui préside à toute éclosion de vie, est la loi des béatitudes.

Mais, comprenons-nous : quand nous parlons de béatitudes, c'est au sens évangélique du terme, donc bien au-delà du sens restrictif auquel nous avons constamment la tentation de les ramener.

Quand le « monde » parle de béatitude, il entend cette plénitude fragile toujours exposée à se voir emportée par le moindre vent contraire.

Autant rêver alors d'un fruit substantiel et savoureux sans la présence de l'arbre et de ses racines.

Autant rêver d'un verger toujours en fleur, mais qui n'apporterait jamais la substance du fruit.

Naïve fraternité

Quand le Christ est venu nous révéler l'univers des béatitudes, il ne nous annonçait pas une loi nouvelle, une valeur que nous ne connaissions pas ; il insistait seulement sur un état de choses qui était là depuis toujours, caché au cœur de chacune de nos vies, mais que nous avions refusé de reconnaître et de regarder.

Après avoir été consacrés à l'essentiel par le baptême ou la profession monastique, chaque jour nous nous surprenons à vouloir circuler sans rien perdre de ce qui est accessoire et en évitant les difficultés.

Nous continuons d'aspirer à une forme naïve de fraternité d'où les incompréhensions et les conflits seraient absents.

En état de purgatoire

Que de temps nous aurons perdu à vouloir contourner cet obstacle redoutable et toujours présent qu'est notre cœur, avec ses exigences démesurées !

Que de souffrances nous nous serons inutilement imposées pour nier notre appétit d'éternité !

Nous ne pourrons jamais vivre ailleurs qu'en purgatoire : c'est notre lieu et notre état en même temps que le meilleur de notre béatitude.

À court d'innocence

La joie que nous attendons tous, nous devons la puiser dans les entrailles de la souffrance.

La qualité de bonheur que nous convoitons est dissimulée dans les plis de l'amertume.

Cela, parce que notre nature blessée est étrangère à la joie pure.

Nous manquons d'innocence.

La paix qui surgit comme par miracle ne peut être qu'une idole.

Le bonheur qui nous échoit à la manière du gros lot est pure profanation.

L'aisance qui nous arrive comme un chèque de l'assistance sociale est irrespect de nous-mêmes.

Fruits sans substance

L'Évangile n'a rien changé à l'ordre du monde.

Il a seulement mis le doigt sur ce qui était là depuis le commencement.

Nous avions négligé d'y porter attention.

Jusque-là, nous avions rêvé à la manière des enfants.

Les fruits que nous avions consommés sans avoir bêché la terre de notre jardin, ceux qui nous étaient tombés dans la main sans que nous les ayons gagnés à la sueur de notre front s'étaient révélés incapables de nous nourrir.

La loi du dépassement

Voilà que le verdict du paradis perdu change totalement de sens : le « tu mangeras ton pain à la sueur de ton front » n'est plus une condamnation que nous devons subir, mais une loi de vie que nous portons au fond de l'être.

La sentence de jadis n'était que l'énoncé de notre vérité la plus profonde.

Instinctivement, nous nous surprenons à vivre et à agir au seul niveau de l'animal raisonnable.

Mais alors, immanquablement, une désolation nous gagne le cœur et nous rappelle que nous entrons dans la mort dès que nous oublions la loi du dépassement qui est la nôtre.

Pressentiment d'un autre univers

Nous « avons habitué » de dire que nous étions tous « condamnés à mourir », mais c'est là une manière de parler.

La vérité exige de changer la formulation : nous ne sommes pas condamnés à mourir comme par une force qui serait extérieure à nous ;

tout en nous aspire à mourir, à mourir selon notre mode humain de connaître et d'agir, pour avoir accès à cet autre palier d'existence dont nos racines ont déjà mystérieusement pressenti la présence ;

tout en nous appelle le passage à un autre ordre de valeurs.

À l'heure des paradoxes

Nous nous rappelons ici le cri de l'Apôtre : « Malheureux homme que je suis ! Qui me délivrera de ce corps de mort ? » (Rm 7,24).

Nous n'y pouvons rien : il nous faut laisser la mort et la vie mener en nous leur combat jusqu'à la fin.

Nous ne commençons à vivre qu'à partir du moment où la déchirure intérieure vient nous dire que les deux forces antagonistes, mort et vie, sont entrées dans l'arène.

L'affrontement était inéluctable.

L'issue du combat est connue à l'avance : la vie a vaincu la mort.

C'est la douloureuse fissure des profondeurs de l'être qui nous arrache violemment à l'emprise de la mort.

C'est l'interminable tiraillement intérieur qui nous jette au cœur de la vie.

C'est l'amertume et l'insatisfaction qui nous conduisent au rassasiement.

C'est l'opacité de notre nuit qui prépare en nous l'aurore inespérée.

Pour avoir refusé d'écouter

Si vous le désirez, cherchez d'autres lois pour votre accomplissement.

Poursuivez-en les parcours.

Vous en avez la liberté.

Mais tôt ou tard, votre vérité vous obligera à céder à ses instances, et la douleur de votre retour au Père devra être d'autant plus cuisante qu'aura été méprisée plus longtemps la voix que vous aurez négligé d'écouter au fond de vous.

Toute souffrance est rédemptrice

Comme pour le Prodigue, toute souffrance a la mission de nous ramener au cœur du Père.

La souffrance qui me vient des autres,

la souffrance qui vient de mes erreurs,

la souffrance qui vient de mes blessures,

la souffrance que je m'impose

ou celle dont les autres me chargent,

la souffrance surtout qui vient de mon propre péché – la plus vive et la plus lourde à porter –, la souffrance bien ou mal acceptée,

toute souffrance est devenue rédemptrice et porteuse de vie depuis que l'Innocence a été injustement condamnée.

Toute souffrance me jette en Dieu.

Souffrance de vie

L'insatisfaction est devenue ma loi : elle révèle la capacité de vie qui dort dans les zones inconnues de mon être.

Comme l'enfant qui, en naissant, déchire le corps de sa mère pour lui donner en définitive la plus grande de toutes les joies, celle qui fait oublier toute douleur, de même le meilleur de moi ne peut émerger au grand jour qu'en m'imposant la croix.

On n'est jamais si sûr et si près de la joie d'une naissance qu'au moment où la femme gémit dans les douleurs.

De même, je ne suis jamais si assuré de vivre qu'à l'instant où je me meurs de quelque façon.

Situés au cœur de la paix

Comme nous avons vécu loin de nous-mêmes !

Comme nous avons mal évalué notre capacité de vivre !

Mais, grâce à Dieu, la vie nous ramène constamment à nous-mêmes en nous fermant les chemins de la facilité, qui ne peuvent ouvrir que sur des bonheurs mesurés.

Lève maintenant le jour nouveau, celui de la résurrection, celui où la contradiction et l'amertume continuent de nous atteindre, mais non plus comme auparavant pour nous écraser.

Désormais la croix ne peut que nous resituer au cœur de la paix qui demeure.

L'ordre du monde nouveau

« Je surabonde de joie au milieu de toutes mes tribulations » (2 Co 7,4).

Quel cri de vérité venu d'un autre monde !

Tôt ou tard, il faudra nous y reconnaître.

Qui pourra nous séparer du Christ et de sa victoire ?

La mort et l'enfer ?

Les périls et l'angoisse ?

L'Homme-Dieu a défoncé les portes de la mort.

Il a obligé la mort à enfanter la vie : voilà le miracle par excellence !

Voilà notre miracle à tous et à chacun !

Voilà l'ordre habituel du monde nouveau !

La souffrance présente

Toute vie qui ne sort pas des entrailles de la mort est indigne de nous.

Toute joie qui n'a pas été enfantée par la souffrance est incapable de répondre à notre appétit de bonheur.

Mais qui sommes-nous donc pour être les porteurs de pareilles contradictions ?

Le monde a parfaitement raison de se moquer.

Il ne pourra comprendre qu'à partir du jour où il aura vécu sa part de souffrances et de pleurs.

Mais il y a déjà tant de larmes répandues,

tant de sang versé,

tant d'innocents écrasés !

La face lumineuse

N'avons-nous pas en cette persistance le signe que notre monde jugé perdu, bien loin d'être en passe de mourir, est aux portes mêmes de la résurrection ?

Quelle consolation typiquement chrétienne s'il en est !

De cette vérité libératrice, il nous faut être tellement convaincus que nous puissions en persuader tous ceux qui ne voient encore que la face désolante de notre terre.

Notre monde bouleversé a moins besoin de voir sa souffrance allégée par nous que d'entendre la bonne nouvelle, à savoir que son insupportable croix est le sceau indéniable de sa glorification.

Quand toutes les formes de souffrance qui couvrent la face de la terre apprendront qu'elles sont la Pâque vivante du Christ, quand notre monde tourmenté saura que sa croix l'a conduit jusqu'aux portes de la résurrection, il aura enfin entendu le message dont il rêvait depuis toujours et que personne n'avait osé lui formuler, tout occupés que nous étions à lui enlever d'abord sa souffrance, la partie la plus lumineuse de son visage.

La force paradoxale

Avec la mort du Christ, l'absurdité de la souffrance perd son sens et débouche sur la vie.

L'injustice criante et l'oppression ne sont plus d'abord des situations qu'il est urgent de corriger, mais des réalités de mort à transfigurer à la lumière des béatitudes et à la lumière de la Passion de Dieu.

Cependant, avant de transformer ainsi la passion du monde en pure lumière, il nous importe de voir au préalable dans chacune de nos tristesses le signe glorieux de l'ordre nouveau.

C'est là le défi par excellence.

Imaginez : apprendre à lire jusque dans l'amertume de notre péché la force paradoxale qui nous jette dans les bras du Père.

Soyons-en persuadés, le monde n'attend pas en premier lieu que nous remédiions à ses situations de détresse : il est inconsciemment à l'affût des témoins de l'ordre nouveau, des êtres qui, à l'image du Christ, ont découvert le secret qui permet d'enfoncer les portes de la mort pour déboucher dans la lumière et la gloire.

Quel labeur nous consentons à nous imposer afin de sonder la surprenante capacité de vie que nous portons en nous !

« Ils ne comprirent pas ce qu'il voulait leur dire »
(Jn 10,1-10)

À la discrétion de la miséricorde

Il nous est extrêmement difficile de mettre à profit la liberté que nous avons de lire l'Écriture selon l'Esprit.

Nous sommes moins menacés, semble-t-il, quand nous nous en tenons strictement à la lettre, alors même que cette lettre risque de nous tuer.

Mourir sous son jugement nous est plus doux que vivre dans la liberté de l'Esprit, et accomplir intégralement la loi est plus sécurisant pour nous que nous livrer à la discrétion de la miséricorde.

Nous ne savions pas lire

Il apparaît ainsi que nous avons davantage confiance dans notre amour pour Dieu que dans l'amour de Dieu pour nous.

Et nous continuons de cheminer dans cette inacceptable hérésie, tout en nous croyant au cœur de la vérité.

Une multitude de messages nous sont adressés, qui se heurtent à nos oreilles fermées, à notre cœur endurci.

Nous n'avons pas appris à lire.

L'Infini dans l'infime

Quand nous saurons lire, un seul brin d'herbe comme une larme d'enfant nous révéleront tout le contenu de Dieu.

Ces choses si simples suffiront à notre joie.

Nous saurons non seulement tirer l'Infini de l'infime, mais découvrir le sublime de la beauté jusque dans la face tourmentée de notre monde et, plus loin encore, jusque dans les déchirures de notre être, ce qui constitue le défi par excellence.

À l'extrême opposé de cette attitude, les Pharisiens n'ont su discerner en présence de la suprême Beauté que le descendant de Béelzéboul.

C'est dire l'importance capitale, dans notre vie, de la lecture que nous faisons des personnes, des choses et de la Parole.

La liberté créatrice

Là où s'enfoncent nos racines, il est un espace où il s'agirait simplement d'entrer pour percevoir tout l'univers dans la transparence d'une clarté nouvelle.

Il est en nous une zone de liberté créatrice qui, une fois atteinte, nous permettrait de donner au monde un visage de gloire.

Sans que rien change en nous et autour de nous, tout peut être transfiguré en beauté par la seule vertu de notre regard.

La mort doit enfanter la vie

Le regard spirituel est non seulement apte à pénétrer jusqu'au fond des réalités contemplées, mais il possède encore l'extraordinaire pouvoir de rendre lumineux tout ce qu'il atteint, à commencer par la nuit elle-même.

Nous possédons la faculté de tirer la lumière des ténèbres.

Nous pouvons faire enfanter la vie à toutes les formes de mort que nous rencontrons.

Un puits d'éternelle lumière

C'est la mise en veilleuse de cette grâce qui rend nos existences si tristes.

Les nombreuses situations de mort devant lesquelles nous demeurons désarmés dans nos itinéraires ne sont là que pour provoquer chez nous l'irruption du miracle en vertu duquel nous pouvons les métamorphoser en vie nouvelle.

Devant sa Passion, le Christ était impuissant.

Il n'a corrigé ni ses juges ni ses bourreaux, mais il a fait des ténèbres où il se trouvait un puits d'éternelle lumière.

La morsure de la culpabilité

Qui nous empêchera de changer nos impasses en chemins d'éternité ?

Qui nous empêchera de convertir en joie qui demeure la première de nos tristesses, celle de notre péché ?

Qui nous empêchera de remplacer notre indéracinable culpabilité par une paix qui défie l'enfer ?

Une morsure au cœur

En tant que baptisé, j'ai le devoir de me refuser à toute déception et à tout regret.

Si ma vie d'« inconvertissable » pécheur n'est pas continuellement transformée en définitive victoire, je ne suis pas pleinement accordé à ma condition de baptisé.

Si la culpabilité et l'amertume possèdent encore le pouvoir de me mordre le cœur et de me déchirer l'âme, c'est que je n'ai pas su mettre en valeur la force dont je dispose.

Dans les parages de la mort

Qu'attendons-nous pour vivre ?

Qu'attendons-nous pour révéler au monde qu'un miracle suinte de nos états les plus désespérés ?

Où est donc en nous la carence qui nous maintient endormis dans les parages de la mort ? le manque à être qui nous rend si vulnérables devant les assauts de la culpabilité ?

Comme si le Christ n'avait pas traversé notre nuit de sa lumière !

Comme si le Christ n'avait pas vaincu notre mort !

Exploiter nos gisements de vie

Pour nous, le péché a toujours consisté en nos actes mauvais.

En terre chrétienne, ce n'est pas là une manière adulte de concevoir le mal.

Notre premier mal, celui qui nous place en dehors des enceintes de la liberté, consiste à ne pas exploiter les gisements de vie qui couvent au fond de notre être de baptisés.

Un mort à la porte

Si notre vie est triste, c'est que nous sommes victimes d'une lecture paresseuse de l'Évangile.

Nous nous laissons aller à gémir au moment même où notre victoire éclate jusque dans les cieux.

Comme le fils aîné de la parabole, nous préférons demeurer sur le seuil quand toute la maisonnée est en fête parce qu'un mort vient de se présenter à la porte.

Réduire l'envergure du salut

Qu'avons-nous fait de la sève de l'Évangile ?

Quelle réponse avons-nous donnée à la gratuité de l'amour ?

Quel témoignage rendons-nous à la nouveauté de la lumière ?

Allons-nous réduire outrageusement l'envergure du salut apporté par le Christ à cette simple dimension d'intégrité morale, intégrité que l'humanité connaissait bien avant l'incarnation du Verbe ?

Le veau gras pour l'indigne

Mission impossible : je suis convaincu d'incompréhension face au mystère du salut aussi longtemps qu'à mes yeux l'amour attend quelque chose en retour du don qu'il me fait de tout lui-même, aussi longtemps qu'à mes yeux l'amour exige quelque chose de moi pour m'aimer, aussi longtemps qu'à mes yeux l'amour se situe dans l'ordre de la récompense et qu'il peut réserver le veau gras pour rétribuer celui qui a travaillé consciencieusement dans les champs.

L'amour ne sait qu'immoler joyeusement le veau gras pour célébrer le retour de celui qui a tout gâché et n'a rien ramassé.

Quelle révolution !

Quelle libération !

Mon être blessé, mon être tourmenté, mon être de péché pouvait-il rêver d'un salut mieux mesuré à son mal ?

Remède à mon mal

Pourquoi tant d'insatisfactions ?

pourquoi tant de souffrances ?

pourquoi tant de défaites ?

pourquoi tant d'impuissance ?

pourquoi tant de larmes ?

pourquoi tant d'angoisses,

sinon pour m'obliger à crier désespérément vers une forme de salut qui transcende tout ce que je puis concevoir comme solution à mon problème ?

L'amour est libre

Depuis toujours, nous attendons que la grâce vienne modifier en nous ce qui s'oppose à la loi et aux commandements.

Le miracle que Dieu nous offre est d'une tout autre qualité : il ne peut instaurer la fête qu'à partir de nos échecs.

Il ne peut construire que sur nos ruines.

Notre blé accumulé ne peut en aucune façon être utilisé par l'amour. Quelle joie !

L'amour est pur, l'amour est libre !

Vertige et anéantissement

Inacceptable renversement des valeurs : je suis convaincu de lâcheté aussi longtemps que je rêve d'apporter quelque chose à l'amour.

Cet anéantissement, ce radicalisme de la pauvreté qui sont exigés de nous viennent renverser et chambarder toutes nos approches.

Nous en aurons le vertige aussi longtemps que nous refuserons à l'amour la liberté et la gloire d'agir en pure gratuité.

Respect pour ta dignité

Est-ce manquer de respect envers vous que de vous tenir un pareil langage ?

Seriez-vous indignes d'être informés de la qualité de cet amour dont vous avez été prévenus ?

Si un tel langage vous scandalise, ne serait-ce pas plutôt que vous manqueriez de respect envers l'amour et, sans nul doute, envers vous-mêmes aussi, envers la partie la plus noble de votre être, celle qui a été créée à l'image de Dieu ?

La tristesse de nos prisons

Il y a en chacun de nous un désir fou d'enfoncer toutes les barrières qui prétendent nous interdire l'accès à l'infini du bonheur.

Au-delà de la satisfaction du devoir accompli, existe-t-il pour nous une autre qualité de victoire ?

Pouvons-nous donner un autre visage à la plénitude et à la joie ?

Combien de temps allons-nous demeurer prisonniers de nos lenteurs et de notre timidité ?

Que la grâce vienne nous sortir aujourd'hui de la tristesse de nos chemins !

Alors, nous comprendrons que nous étions des prisonniers inconscients.

C'est l'expérience de la liberté qui nous permet de mesurer la profondeur de notre incarcération.

« Interroge les temps anciens »
(Dt 4,32)

Espérance déçue

Nous sommes insatiables !

L'Évangile est inépuisable !

Ces deux réalités s'appellent.

Comment se fait-il que l'Évangile nous reste fermé et que notre soif ne soit jamais apaisée ?

Il semble que la promesse formulée jadis par Dieu à nos pères n'ait pas su répondre à l'espérance qu'elle avait suscitée en Israël.

L'initiative à Dieu

Le regard de l'homme s'est avéré déçu le jour où il s'est arrêté sur l'envergure de Dieu.

Si notre mal était de ne pas connaître Dieu, ce serait déjà un désordre inacceptable.

Mais nous avons une « fausse » notion de Dieu, et c'est là un mal pratiquement incurable.

C'est comme si, en nous, avant même d'avoir eu la révélation du Messie, objet de la promesse, la place était déjà occupée par une idée préconçue.

Quand c'est l'homme qui se tourne vers Dieu, celui-ci se voit malheureusement revêtu des couleurs de l'homme.

Une saine genèse demande que ce soit le Créateur qui prenne l'initiative de se présenter à sa créature.

Initiation à la danse

Alors, celle-ci en est bouleversée dans toutes les dimensions de son être et de son agir : le devoir, les obligations, les commandements, l'héroïsme, le volontarisme, et quoi encore !

En effet, dans le cœur endurci de l'enfant surgit la spontanéité de l'amour, et la « corvée » devient une béatitude.

Le choc de cet avènement désoriente les mécanismes qui avaient joué jusque-là.

Le cœur s'orientait vers le labeur du devoir à accomplir, et le voilà soudainement plongé dans l'univers de la noce.

L'intelligence avait savamment mesuré tous ses pas, et la voilà initiée à la danse.

Mal préparé au baiser

Nos habitudes acquises répugneront toujours à l'invitation de l'amour incréé.

La célébration force constamment notre porte, mais nous nous obstinons sans comprendre.

Nous préférons préparer nous-mêmes notre fête.

Il le faut bien puisque nos racines en ont absolument besoin.

Et même si nos festivités sont souvent vides et sans lendemain, nous y persévérons en continuant de nous refuser à la fête de Dieu.

Notre conscience accablée nous dictera d'entrer chez notre Père avec le souci de mériter le pain que nous espérons y recevoir.

Cette attitude du Prodigue est inscrite dans le cœur de tous les enfants perdus que nous sommes.

Nous ne sommes pas préparés à recevoir le baiser du Père.

Trop chargé pour vivre

La conscience de l'homme a trop longtemps frayé avec le péché et la culpabilité pour être en mesure d'accepter, sans condition, de se voir introduite dans la danse et la communion.

Nos réflexes sont imprégnés d'une forme de justice qui nous interdit de nous plier à la loi enveloppante de la miséricorde.

Nous nous sommes habitués depuis trop longtemps à gagner tout ce que nous désirons pour nous plonger sans préparation dans le monde de la gratuité totale.

L'homme s'est donné tellement de « faux défis » !

Il lui est impossible de se réserver du temps pour la fête, celle qui est sans fin parce qu'elle n'a exigé aucun préparatif !

Il ne songera jamais à regarder cette autre face de son cœur, la face cachée, pour penser seulement à choisir comme vocation la tâche de faire éclater les écluses de la tendresse.

Perdre le plus précieux

Où trouver aujourd'hui une main assez téméraire pour ouvrir les veines de l'Évangile ?

Le contenu de ce livre n'a d'autre mission que d'être scandaleusement répandu sur le monde.

Quelqu'un a déjà pleuré sur la trop grande quantité de parfum précieux déversé par Marie sur les pieds du Christ (Jn 12,1-11).

Ce quelqu'un, malheureusement fermé au mystère de la grâce et de la gratuité, a son sosie en chacun de nous.

La plus somptueuse utilisation que Marie pouvait faire de son nard de qualité était de le répandre et de le perdre.

Plus un objet est précieux, plus il convient qu'il soit ainsi immolé, en hommage aux valeurs qui, au-delà de toute comptabilité, nourrissent le meilleur de l'âme.

La paix muette

C'est pourquoi le sang du Sauveur ne pouvait avoir de plus éminente destination que d'être enfoui au creux du péché des hommes, lesquels n'avaient cure de le recevoir !

C'est pourquoi encore l'Évangile ne peut avoir d'autre logique que celle d'être dévoré par notre besoin de lumière et de tendresse.

Il ne cessera d'aspirer à cette immolation qu'au jour où notre avidité aura absorbé tout son contenu.

Ce jour-là, le livre saint pourra disparaître à tout jamais, comme le sang du Christ sur la croix : il sera passé dans le cœur des hommes pour vivre, muet, dans le silence de notre mystère intérieur, inscrit non dans la virulence du feu, comme la Loi ancienne au Sinaï, mais dans l'onction de la paix, qui sera, elle aussi, dépouillée de toute destination.

Le plus bel ornement

Mais comment nous sensibiliser à ce besoin que peut avoir l'Évangile de déverser tout son contenu en nous ?

À l'heure de Dieu, nous assisterons à un miracle que l'Esprit Saint prépare actuellement au secret de notre être.

Un jour, une jeune femme, seule, moulue de souffrance et de rejet, revenait de l'église où elle avait entendu le Baptiste haranguer la foule : « Race de vipères, convertissez-vous... » (Lc 3,7).

Entrée à la maison, préparant son déjeuner, elle surprit, montant du fond de son être, un sentiment de révolte envers le Père : « Je vais t'en faire, une race de vipères ! » osa-t-elle lui dire.

« Je suis ton enfant, et tu vas me parler comme un père doit parler à son enfant ! »

Seul l'Esprit est à même de provoquer pareille audace au cœur de l'enfant.

Ce langage, qui recoupe étrangement celui de la Cananéenne à qui Jésus refusait durement le pain (Mt 15,26), est le plus bel ornement du chrétien.

Difficile négociation

Il nous faut avoir la hardiesse d'arracher à Dieu ce qu'il s'obstine à nous refuser.

Il n'a plus le droit de se dérober : il est Père.

Il nous faut percer jusqu'à cette apparente inconvenance qui, dans le registre de l'amour, est un sommet.

Et, arriverions-nous à lui « arracher » ce qu'il ne voulait pas nous donner, il nous faut garder la certitude que, de quelque manière que cela puisse être, tout ce qui nous viendra jamais de lui finira toujours par se convertir en bien.

Le Prodigue avait exigé indûment de son père sa part d'héritage alors qu'il était encore mineur.

Cet argent injustement réclamé allait empoisonner son âme, en raison de l'imprudence commise par le père ; mais parce qu'il venait des entrailles paternelles cet argent portait en lui comme un « virus de vie ».

Mal utilisé, il avait néanmoins réussi à ramener l'enfant perdu vers le père.

L'erreur : porteuse de vie

Par contre, était demeuré à sec le cœur du grand frère, qui, lui, n'avait rien demandé, rien exigé.

Après en avoir longtemps douté, nous apprendrons un jour à quel point l'étincelle qui vit en Dieu est capable de ressurgir au milieu de tous nos chemins perdus.

Nous avons tous droit à un morceau du bonheur de Dieu.

« Relevez la tête,
parce que votre délivrance est proche »
(Lc 21,28)

Dossiers chauds

L'heure est aux bilans, et aujourd'hui il s'agit du bilan de la famille.

Divorces, unions libres, aventures, fausses libertés, enfants blessés, manque d'espace pour la vie, avortement, affranchissement des lois, inacceptation du discours moralisateur, violence conjugale, délinquance juvénile : autant de dossiers chauds !

Illusion de l'efficacité

Nous avons passé la majeure partie de notre vie à faire grandir tout ce qui nous entourait.

Nous n'avons pas marchandé avec la générosité et le dévouement.

Puis un jour, toutes les portes se sont fermées : maladie, échec, manque de motivation, abandon des amitiés les plus fidèles, solitude, etc.

La vie nous a dit alors : « C'est ton âme qui importe.

Deviens toi-même. »

Moment terrible dans un itinéraire humain que celui où l'illusion de l'efficacité s'anéantit pour ne plus réapparaître jamais !

Aujourd'hui, la famille en est là dans son itinéraire.

Une béatitude vivante

Nous avions reçu une mission : inventer des béatitudes pour notre temps.

Et nous avions oublié ce mandat.

C'est d'ailleurs chacun de nous qui doit devenir l'incarnation d'une béatitude nouvelle.

Et quand nous en serons venus à ce point dans notre cheminement personnel, la crise actuelle de la famille se révélera elle-même une béatitude vivante.

La fraîcheur d'une naissance

J'ai bien dit la crise.

Notre impuissance à changer le panorama nous oblige à convertir notre regard, et c'est de là que vient le salut.

Il ne s'agit plus alors d'évangéliser les personnes : nous sommes mis dans l'obligation « d'évangéliser les situations » elles-mêmes.

C'est l'impasse qui nous oblige à déboucher en d'autres espaces.

Depuis que l'Infini a pris chair parmi nous, notre mission consiste à faire surgir la fraîcheur d'une naissance à partir des situations les plus désespérées.

C'est là le propre de l'agir chrétien.

Les choix de la transparence

Une adolescente avait reçu la garde d'une enfant de neuf mois.

Étant allée en visite chez son amie, il arriva que toute la maisonnée fit cercle autour de la petite gardienne et de l'enfant.

S'ajoutait à tout ce monde un ouvrier chauve, barbu et malpropre qui était entré pour se désaltérer.

Cet homme avait, de surcroît, mauvaise réputation.

Le bébé était montré à chacun.

Tous lui tendaient les bras, mais l'enfant demeurait rivée à sa gardienne.

En dernier lieu, elle fut présentée à celui qui était le moins « présentable ».

Alors, à l'étonnement de tous, elle ouvrit les bras pour se faire prendre par ce dernier.

La source cachée

Des quatorze personnes présentes, une seule avait vu juste, l'enfant de neuf mois.

Seule la petite était dans la vérité, parce qu'elle seule était allée réveiller les fibres de la vie au cœur d'un être perdu.

Dans ce bébé fragile, les ressources de la transparence avaient suffisamment de profondeur pour traverser le mur du mal et atteindre aux sources cachées de la vie.

Ce regard avait un lien de proche parenté avec le regard du père sur l'enfant prodigue.

Larmes révélatrices

Pour considérer les autres comme « vivants », nous exigeons une contrition manifeste.

Comme si l'Esprit Saint ne pouvait pas inventer une forme de repentance qui dépasse les normes dans lesquelles notre cœur étroit veut l'enfermer.

Comme si la souffrance et le désespoir des êtres qui ont perdu leur chemin ne pouvaient pas constituer pour Dieu une prière à laquelle il ne peut résister, même si son nom n'est pas encore prononcé et si son existence est ignorée.

Le Prodigue croyait que ses larmes provenaient du manque de pain, mais le père savait bien qu'elles étaient en fait un cri déchirant vers l'amour et la communion.

Ultime débouché de la grâce

Nous sommes les enfants du Père, et notre regard, comme le sien, doit savoir déterrer la vie là où il n'y a que des apparences de mort.

Nous n'avons pas le droit d'emprisonner la lumière de Dieu à l'intérieur de nos cadres, de la restreindre aux seules dimensions visibles qu'elle présente.

De même, nous n'avons plus la permission d'enfermer le visage du monde dans ses aspects extérieurs seulement.

Devant les situations les plus désespérées, celle de la famille en particulier, notre regard doit se charger d'une naïveté infinie pour pouvoir y découvrir la présence cachée de la lumière et de la beauté : ultime débouché de la grâce en nous !

L'agir du Ressuscité

Et ce regard obstinément innocent qui ne correspond pas à la vérité objective ni au réel, ce regard qui me permet de déceler et de mettre au jour la lumière enfouie dans les espaces de la mort, ce regard, dis-je, est la plus puissante énergie de transformation qui soit au monde.

Quand nous en aurons fini avec nos interventions inquiètes qui n'atteignent que la surface des personnes et des choses, nous naîtrons enfin à ce mode d'agir souverain qui était celui du Ressuscité.

La plus grande des révolutions

À regarder la ville de Jérusalem au matin de Pâques, aucun Juif n'aurait pu conclure que quelqu'un venait de passer de la mort à la vie !

De même, quand nous aurons transfiguré la face du monde par la naïveté de notre regard, le monde, lui, n'en aura cure, mais tout sera accompli !

Il y a cette réalité renversante : la vision des ressuscités que nous sommes est autonome.

Notre regard a reçu la faculté de faire surgir tout ce qu'il désire contempler sans attendre que le monde lui en présente le spectacle !

C'est là la plus grande de toutes les révolutions.

Dieu, prisonnier de notre pardon

Notre regard a reçu tout pouvoir au ciel et sur la terre.

Oui, au ciel, parce que jamais le Père ne viendra contredire ce regard de résurrection que notre naïveté aura posé sur les êtres les plus enfoncés dans le mal.

Ce qui veut dire que **le pardon de Dieu est « enfermé » à l'intérieur du nôtre,** même si le nôtre n'est pas dans la vérité objective.

Le pardon de Dieu est prisonnier du nôtre, du nôtre qui n'a pas la lumière nécessaire pour évaluer à sa juste valeur le mal qui habite notre semblable.

La délivrance est là

C'est ce que Thérèse de Lisieux a réussi avec l'assassin Pranzini.

Elle a décidé un jour qu'il devait être sauvé.

L'étonnant ici, ce n'est pas l'audace du langage, mais notre manque de foi dans les ressources insoupçonnées que le Père a mises à notre disposition.

Devant les bouleversements du monde, devant la famille éclatée, au moment où tout semble perdu, le Christ nous dit : « **Levez la tête,** la délivrance est proche » (Lc 21,28).

Le tapage des enfants

L'impasse et la souffrance ont rendu visible l'incapacité de l'homme à gérer son propre destin : quelle vérité !

Un jour, en vue de mieux écouter le Verbe de Dieu, on a cru bon d'éloigner les enfants.

Mais le Christ a dit : « Laissez venir à moi les petits enfants, ne les empêchez pas » (Lc 18,16).

C'était révéler que le tapage des enfants a plus d'importance aux yeux de Dieu que sa propre parole.

Le monde et sa lumière

Aujourd'hui, le drame de la famille pourrait-il contenir plus de lumière et de vérité qu'il ne l'a jamais fait par le passé ?

Seul notre regard peut répondre à cette question.

Regard humain ou regard de ressuscité que le nôtre ?

Le monde attend de nous la certitude qu'il est, lui-même, déjà assis dans la gloire.

Et c'est dans nos yeux qu'il attend de surprendre l'existence de sa propre lumière.

« En sa personne, il a tué la haine »
(Ép 2,16)

Victimes de nos habitudes acquises

Vous vous souvenez de ce jour où, perdus au milieu du désert et mourants de soif, nous avons rencontré un vagabond qui marchait en sens inverse de notre caravane avec la conviction de se diriger vers un point d'eau.

Nous avions souri, mais lui, imperturbable, avait poursuivi son chemin.

Il ne sera jamais normal pour nous d'entendre parler de conquête comme d'un recul.

Habituellement, le bon stratège devance et prévient, si c'est possible, le mouvement de l'ennemi.

Les grandes victoires ont toujours été mesurées par l'audace et l'initiative.

Les grandes défaites ont toujours été **« subies »** !

Gardons-nous de restreindre le champ de ces applications au seul domaine militaire ; le sport, la technologie, l'art, le commerce, tout est soumis à cette loi.

Nos habitudes, notre intelligence et surtout notre cœur ont été moulés à la lumière de ces principes.

Et qui aurait l'arrogance de les remettre en question ?

Nous n'arriverons jamais à évaluer la puissance, voire la tyrannie, de tous les conditionnements qui nous influencent quotidiennement, sans même que nous nous en rendions compte.

L'abîme infranchissable

Surgit aujourd'hui une autre loi qui, à l'opposé de toutes celles que nous avons apprises, vient nous initier à une nouvelle forme de combat.

Il nous est extrêmement ardu de réaliser le saut redoutable que nous avons à faire pour passer d'un registre à l'autre.

Et cela, moins parce que nous avançons dans l'inconnu que parce que nous avons négligé de mesurer l'envergure de nos abîmes intérieurs qui appellent l'infini.

La loi qui nous précède

Une loi habitait le Christ.

Elle était là depuis le commencement ; elle perdure et nous précède ; elle nous enserre :

« En sa personne, il a tué la haine » (Ép 2,16).

La loi éternelle qui régit chacun de ses gestes et préside à chacune de ses pensées, cette loi qui le meut va à l'encontre de nos habitudes acquises.

Désormais, le succès consistera pour nous à vaincre en subissant les coups, à dérouter l'ennemi **en nous laissant écraser par lui,** à accéder à la lumière en permettant aux ténèbres de nous submerger, à pacifier le monde en nous livrant à la puissance irrespectueuse du désordre organisé, à amener toutes choses à la vie en acceptant d'être enveloppés par la mort.

Quel impossible échange !

En finirons-nous un jour de confronter nos lois avec celles du Royaume ?

Cesserons-nous de vouloir établir des comparaisons entre des réalités qui ne se comparent pas ?

Arriverons-nous à sortir de notre champ de vision pour parvenir à l'autre éclairage ?

Mais, plus que tout cela, le renversement majeur qu'en nous l'Esprit devra opérer consistera à nous faire perdre la prétention de pouvoir passer de l'ordre humain au monde surnaturel, comme on le fait quand il s'agit d'obtenir une promotion.

Il n'y a pas de continuité entre notre monde et l'univers de Dieu.

En conséquence, il doit y avoir rupture à un moment de notre itinéraire.

Un abîme infranchissable vient couper notre chemin.

Au-delà de cet abîme, nous ne retrouverons jamais plus la voie que nous avions suivie jusque-là.

Les auteurs spirituels parlent alors de grâce infuse.

L'enfant du Royaume n'est plus guidé par la lumière de son intelligence, mais par celle qui vient d'en haut.

Dans l'ordre pratique, il prendra fréquemment ses décisions sans en connaître le pourquoi.

Avouons-le, nous sommes bien loin de cet Esprit qui faisait exulter les apôtres à la seule pensée qu'ils avaient été jugés dignes de subir des outrages pour le nom du Christ.

Un nouvel équilibre

Mais consolons-nous : en dépit des apparences, **nous sommes beaucoup plus près du monde de Dieu que de notre propre monde** !

Oui, nous sommes habités par le même Esprit qui, depuis les origines, transforme la peur en audace !

Sans que nous le sachions, le sang qui coule dans nos veines a la qualité de celui qui vivifiait le cœur des martyrs.

Bien sûr, nous sommes lâches !

La chose est acquise, indiscutable !

Mais qu'importe, puisque **notre force n'est plus celle qui vient de nous** !

Notre fidélité est étrangère à celle que nous nous connaissons.

Notre victoire ne se mesure plus avec nos balances.

Notre combat n'est plus celui que nous menons.

Le discernement et les évaluations qui ont toujours été les nôtres sont désormais dépassés.

L'attitude de celui qui est entré dans la lumière ne peut plus compter avec l'ancien équilibre.

La loi nouvelle

Notre mission est impossible.

Nous n'avons plus le choix.

Notre agir doit être démentiel aux yeux du monde.

Nous avons été configurés à Celui qui a définitivement opté pour la Pâque.

Cette loi est passée en chacun de nos membres ; elle a envahi notre cœur, et tout l'être en a subi l'impact libérateur.

Cette loi – la loi de la Pâque – est devenue tellement nôtre que lui résister aujourd'hui serait nous renier nous-mêmes.

Nous avons l'impression de marcher comme tous les autres, mais notre pas foule déjà le sol d'un empire où personne n'est entré.

Nous croyons nous diriger vers un objectif, mais nous sommes au centre de tout.

Évitons de dire : « Nous sommes le centre de tout. » Notre cœur s'affolerait !

Il est encore incapable de supporter le poids de sa gloire.

Nous croyons être en possession de nous-mêmes, mais nous ne nous appartenons plus !

Nous tremblons à la pensée de perdre notre chemin, mais une mystérieuse chaleur nous laisse pressentir quelque chose de l'impossible miracle qui nous a devancés et qui nous tient debout dans la lumière.

Nos chemins de mort

Nous ne voyons pas cette lumière et nous en doutons constamment, mais l'œil attentif du Père nous attend précisément au fond de cet abîme du mal où notre faiblesse risque de tout compromettre.

Sa vigilance nous a précédés au bout de notre mort.

Chacune de nos incartades est d'avance circonvenue par sa chaleureuse présence.

La moisson qui vient

À partir du moment où nous avons été incapables de condamner le mal dans l'autre, nous sommes devenus les juges du monde.

Seul, en effet, celui qui ne tient plus compte du mal peut se permettre de juger en vérité, l'unique vérité étant l'amour.

Tous les déchets, les nôtres, ceux des autres, sont abandonnés à eux-mêmes, parce que, nous le savons, ils ont reçu la mission de nourrir la récolte qui vient.

Nous en avons plein les bras de cette moisson, de celle qui vient et surtout de celle qui est déjà là, aujourd'hui !

L'attente du monde

Le baptême que nous avons reçu a fait de nous des témoins.

Imaginez : pour vivre, le monde attend que nous lui laissions voir notre visage.

Mais, notre visage, le monde ne pourra le voir que si nous le tenons caché.

Notre mystère n'est pas de ceux qui éclairent et qui s'imposent, il est de ceux qui intriguent et qui fascinent.

Débordement

Le monde ne connaît pas la lumière qui le ferait vivre.

Cette lumière, il ne peut la voir ; il ne peut l'atteindre, parce qu'il ne sait pas l'appeler.

Et s'il l'appelle, c'est qu'il en vit déjà.

Il y a, en effet, tant de manières de l'appeler : la souffrance, l'angoisse, les compensations à outrance, le désespoir et jusqu'à la violence.

Mais cette lumière qu'il ne connaît pas, elle nourrit le monde du seul fait qu'elle m'habite, moi, le pauvre et l'ignoré.

Ma lumière est adulte, elle se suffit à elle-même et elle suffit à tout.

Elle ne peut grandir en moi qu'en passant sur le monde.

Elle est née en mon être quand quelqu'un l'a laissée passer de Lui en moi.

Et depuis, elle ne peut vivre et grandir qu'en débordant.

Le septième jour

Le monde veut célébrer, mais il manque d'anniversaires pour justifier son geste.

Il attend de jubiler, mais il cherche des motifs de réjouissance : on ne célèbre pas la mort !

Seule notre fête intérieure possède les accents qui peuvent transformer la lourdeur de nos pas en cadence de vie.

En nous, l'Esprit soulève le monde.

Et notre premier loisir est d'« assister » à ce constant miracle.

Cette œuvre nous suffit, et elle suffit à tout.

Elle contient toutes les autres par voie d'éminence.

Nous pouvons entrer dans le repos.

Nous sommes au septième **JOUR** !

Tout est accompli si nous sommes à l'heure de Dieu, c'est-à-dire à notre heure à nous, puisque Dieu est à notre heure, lui qui a rempli notre temps et l'a installé dans son éternité.

« Voici que je contemple les cieux ouverts »
(Ac 7,56)

La prière des saints

Que faire quand il devient urgent d'agir, quand une situation atteint une envergure et un paroxysme qui découragent nos moyens d'intervention ?

Il importe moins alors de procéder aux grands inventaires historiques – comme Étienne a tenté de le faire devant les Juifs et comme saint Paul tentera de le faire plus tard à Athènes – que d'emprunter pour un moment la prière des saints :

« Mon Dieu, préserve-nous de toute spéculation vaine sur le mal, et viens, aujourd'hui, nous délivrer du malin. »

« Je n'ai voulu savoir parmi vous que Jésus Christ crucifié » (1 Co 2,2).

Cesser de parler

Trop de savants nous ont parlé du mal.

Nous disposons de trop de techniques efficaces de pastorale et d'évangélisation, moyens qui, bien souvent, viennent contredire les chemins de l'Esprit : « Tu ne sais d'où il vient ni où il va » (Jn 3,8).

Nous avons manqué d'« impuissants » et de « misérables », capables seulement d'ouvrir leurs mains vides devant l'infini de Dieu : « Voici que je contemple les cieux ouverts » (Ac 7,56).

L'heure vient pour nous, chrétiens, où, comme pour Étienne, **il nous faudra cesser de parler du Christ pour devenir Jésus Christ !**

Moment redoutable que celui-là !

L'ennui colossal

Comment, en effet, dire Jésus Christ à l'homme de la cybernétique et des manipulations génétiques ?

Cet homme a bouché ses oreilles au message qui viendrait le distraire de la magie si valorisante de ses propres découvertes.

Que faire quand la Lumière venue en ce monde en arrive à ennuyer les hommes ?

Baudelaire a déjà dit, dans une intuition prophétique, que le monde n'était pas menacé de périr par la guerre, mais d'être victime **« d'un ennui colossal »** capable d'engendrer un bâillement grand comme l'univers, un bâillement d'où, un jour, sortirait le diable.

Il semble que la vérité peut très bien s'accommoder de couleurs aussi pittoresques que celles-là, teintées d'un brin d'humour noir.

Parole de croyant

Il est grand temps pour nous de cesser d'être aussi facilement religieux que les athées vivent difficilement leur athéisme, affirme Paul Evdokimov.

Un de ces derniers, Jean Rostand, disait que la nostalgie d'un incroyant était infiniment plus profonde que la satisfaction d'un croyant.

De telles paroles dans la bouche d'un athée ne manquent pas de nous laisser songeurs.

Pour Kierkegaard, « la proximité absolue est dans la distance infinie ».

C'est là une parole de croyant qui peut avantageusement rivaliser avec celle de n'importe quel incroyant.

Le sang intérieur

Passablement désarticulé par cette bouleversante affirmation, j'ai été amené à méditer sur notre rôle de témoins et sur les véritables enjeux de notre combat contre les ténèbres.

C'est sur la face intérieure des choses qu'il nous importe d'insister aujourd'hui.

La souffrance devient de plus en plus spirituelle, et le sang des martyrs a comme changé de nature.

Il a appris, semble-t-il, à couler plus volontiers à l'intérieur des êtres.

En fait, c'est depuis toujours que cet aspect du témoignage existe, mais il constitue aujourd'hui, selon nos perceptions, la forme la plus habituelle du témoignage.

Le mal confondu

C'est comme si, à l'heure où nous vivons, le raffinement du mal était surpris en flagrant délit d'existence.

Il tente de camoufler la souffrance qu'il impose à tout ce qu'il approche.

Il se forme des airs de vertu.

Mais la spiritualisation du martyre à laquelle il a contribué s'est tournée contre lui pour le confondre avec plus de force.

Tout-Autre

J'ai revécu en pensée la longue attente d'Israël.

Et je me suis dit que, si la parole de Kierkegaard est vraie – elle est trop belle pour être un mensonge ! –, l'interminable attente du peuple élu en reçoit une lumineuse signification.

Ce peuple, si douloureusement séparé de son Dieu, savait-il qu'à l'heure où il pleurait l'absence du Tout-Autre il vivait l'infini de sa présence ?

Le « Tout-Autre » dans son être et dans son agir devait être aussi « tout-autre » dans **sa manière d'être présent à l'homme.**

Grandeur cachée

Et voilà que – miracle inespéré ! – toutes les formes d'absence et de solitude, de désespérance et de séparation, apparaissent sous un jour radicalement nouveau.

« La proximité absolue est dans la distance infinie. »

Il y aurait dans la contemplation de toutes les formes de déchirure de notre monde une grandeur et une beauté cachées, susceptibles de donner le vertige à qui aurait « des yeux pour voir ».

Qui sont les tièdes ?

Si, dans cette optique, nous laissons passer sous notre regard l'inquiétant phénomène de l'athéisme contemporain, ne nous serait-il pas permis d'y découvrir une forme bien mystérieuse de présence de Dieu, si éloignée soit-elle de toute la gamme de nos expériences et de nos approches ?

Et que dire du douloureux questionnement de nos jeunes en quête de sens, proies vivantes ou victimes éventuelles du suicide ?

Une chose est certaine et elle me rassure : comment le Christ de l'Apocalypse pourrait-il vomir de sa bouche ces êtres déchirés de souffrance, sous prétexte qu'ils auraient été des **tièdes** ?...

Appelons aussi à l'intérieur de ce registre le drame des familles désunies avec ses séquelles de solitudes angoissantes, de liens déchirés, d'enfants charcutés et sevrés de toutes manières.

L'éprouvante absence

Y avons-nous pensé ?

Si, aujourd'hui, les martyrs étaient là tout autour de nous avec leur couronne devenue visible pour nos yeux mal ouverts ?

L'intolérable souffrance de l'absence vécue par le Christ en croix vient jeter une lumière sur cet âge du martyre intérieur qui est le nôtre.

« Mon Dieu, mon Dieu, pourquoi m'as-tu abandonné ? » (Mt 27,46).

Ce cri que nous ne voulons pas entendre, cette déréliction qui nous effraie, ne convenait-il pas que l'Homme parfait l'expérimentât, précisément au terme de son itinéraire, comme sommet de l'ineffable présence, celle du Tout-Autre, présence qui est vécue par nous comme une éprouvante absence ?

Approches superficielles

La nuit tragique des mystiques nous apparaît, elle aussi, sous un jour bien différent.

« Tous seront sauvés, moi seul serai damné », confessait un vieil anachorète, anticipant sur ce qui devait se passer dans le cœur du Curé d'Ars, plusieurs siècles plus tard.

Les saints, dans leur quête radicale du Dieu vivant, sont conduits à cette forme éminente de présence de Dieu qu'est son absence.

Une part infime de mortels parviennent à **approcher** Dieu d'assez près pour expérimenter cette intensité de présence qui cadre si mal avec la faiblesse et la superficialité de nos seules rencontres humaines.

Parmi tant d'autres, Thérèse de Lisieux, Charles de Foucauld, Marie de l'Incarnation, pour ne citer que quelques noms, sont, au terme de leur existence, une magnifique illustration de cette étonnante vérité.

« La proximité absolue est dans la distance infinie ! »

Premiers et derniers

C'est dans ce contraste saisissant que s'expliquerait l'aversion du Christ pour la médiocrité et la tiédeur.

L'enjeu que Dieu a proposé à l'homme n'est pas à mesure humaine.

Cela, nous le savions déjà, mais avons-nous pris soin de mesurer l'envergure du mystère ?

Parmi tous ces **« derniers »** au milieu desquels nous circulons aujourd'hui et devant lesquels la faiblesse de notre regard a été si souvent surprise de scandale, combien de **« premiers »,** pensons-nous, sont déjà inscrits dans les plus belles pages du Livre de Vie ?

Tiédeur sans logis

Notre humanité avance lentement, mais avec une invincible régularité, vers une terrible alternative.

Bientôt, il n'y aura plus pour elle que deux solutions possibles : le néant ou l'absolu.

Vient l'heure, et elle est proche, où les tièdes seront des sans-logis sur notre terre !

Mais que peut-il arriver de meilleur ?

L'humanité se donnera alors à elle-même la preuve que son salut n'est pas de son ressort.

Impatience d'éternité

Paul Evdokimov écrit qu'il existe une quantité de religions qui sont des voies où l'homme cherche Dieu, mais la révélation chrétienne, elle, est unique : là, c'est Dieu qui cherche l'homme.

L'éternité s'impatiente de recevoir notre réponse.

Le temps, sans le savoir, est en quête de résurrection.

Cœur saturé de joie

Il a suffi à la Vierge d'être une femme, et une femme qui avait renoncé à la maternité, pour pouvoir engendrer Dieu sans labeur, sans douleur, en toute joie, comme une enfant.

Le monde n'a jamais pu soupçonner que, là, prenait place une réalisation qui sortait de l'ordinaire.

Et nous, pouvons-nous entrevoir, à cette heure qui est la nôtre, **l'irruption du salut de Dieu dans cela même qui, à nos yeux mal éclairés, semble en être la contradiction** ?

Ressusciter les morts par la vivacité de notre foi, qu'est-ce, sinon **révéler à notre monde perturbé qu'il est déjà porteur d'un visage de lumière** ?

Nous serons à la hauteur d'une telle mission seulement si notre cœur a pris soin de se saturer de la joie des béatitudes et de se rassasier de la beauté du Père.

Promesse de vie

Alors, comme pour Abraham, l'inconnu qui est devant nous se verra chargé d'une miraculeuse fécondité, et nos drames les plus poignants – l'immolation de notre enfant le plus cher –, tout se verra habité par la lumière miraculeuse de la promesse.

Oui, notre monde, déjà marqué par la mort, comme le vieil Abraham à l'heure de la surprenante annonce, ce monde regorge actuellement d'enfance, de promesse et de vie !

L'éternité s'impatiente de recevoir notre réponse.

Et le temps, à son insu, rêve de gloire, **non pas de celle qui lui manque, mais de celle qu'il possède déjà et dont il est inconscient.**

Les cieux ouverts

Il arrive que la créature nouvelle a reçu le charisme de faire des choses très simples, dit encore Paul Evdokimov, comme, par exemple, celle de **ressusciter les morts.**

La création nouvelle fait des choses « aussi simples » que celle-là, et surtout, elle les fait simplement, « comme ne les faisant pas », dirait l'Apôtre (1 Co 7,30).

Notre monde a un urgent besoin de savoir que, tout habité qu'il est par la violence et la haine, il porte au meilleur de lui-même une densité de vie qui nourrit déjà la joie du Père.

« Voici que je contemple les cieux ouverts », là, devant moi,

dans le drogué qui manque de cocaïne,

dans la prostituée qui gémit de n'avoir jamais été aimée,

dans l'alcoolique qui blasphème parce qu'il n'a plus de « robine » pour apaiser sa soif et calmer son angoisse et sa culpabilité.

Scandalisant, ce langage ?

Oui, mais ayons soin de bien localiser le scandale en question : dans l'enfant du Père, brisé de péchés, noyé dans ses pleurs et dans son désespoir ? ou bien **dans l'infirmité de mon regard, incapable de suivre celui du Christ qui a plongé jusqu'au cœur de la prostituée pour y découvrir le** feu de l'amour, découverte qui a fait le meilleur de sa nourriture et de sa joie de Sauveur ?

Se pourrait-il que Dieu puisse être présent là précisément où il semble le plus absent ?

En christianisant notre regard, nous éviterions d'être surpris et scandalisés au dernier jour, alors que bien de ces « derniers » nous devanceront dans la lumière et la beauté.

Dernière interpellation : cette éventuelle « injustice de l'amour » doit devenir le meilleur de notre joie !

« Il s'anéantit lui-même, prenant la condition d'esclave »
(Ph 2,7)

Irrespectueuse distraction

Notre intensité de vie nous échappe.

Nous avons oublié de cultiver nos terres.

Inconscients de nous-mêmes, nous sommes abîmés dans le miracle, et nous ne le comprenons pas.

Il y a en l'homme une étonnante aptitude à tout niveler de ce qui touche à la vie aussi bien que de ce qui touche à la mort.

Victimes de l'érosion

Nous sommes comme ces montagnes que les pluies séculaires finissent par user et arrondir.

Victimes de l'érosion, nous perdons le relief de ce que nous vivons.

Nous nous habituons à tout, à la maladie comme à la santé.

Nous oublions plus facilement les lignes vierges de ce qui est capital que les aspects flamboyants de ce qui est superficiel.

Du simple point de vue biologique, par exemple, qui de nous s'émerveille de pouvoir respirer ?

Nous devrions être morts, et nous vivons.

L'harmonie de nos fonctions vitales est si extraordinaire que le fait cesse même d'attirer notre attention.

Plus le miracle est grand et parfait, moins il nous alerte.

Inconscience et santé spirituelle

Ici nous serions peut-être tentés de conclure à notre ingratitude envers la vie.

Non pourtant : cette sorte d'inconscience de notre part apparaît plutôt comme le plus bel hommage rendu aux performances de la vie, à l'image d'un enfant heureux qui grandit dans une atmosphère saine.

C'est quand la fièvre nous quitte que nous pouvons mesurer le bien-être que nous procure la santé.

Dans l'ordre biologique, le miracle de notre organisme plein de vitalité est quelque chose de normal.

C'est un symbole de ce qui se passe dans l'ordre surnaturel.

Si, dans l'ordre naturel, la maladie nous rend plus attentifs aux bienfaits de la santé, dans l'ordre surnaturel, c'est le péché qui, en suscitant le repentir, nous oblige à retourner au miracle de la lumière et de la paix.

La robe était là

Au moment de son départ, le Prodigue possédait exactement ce qu'il a reçu à son retour en entrant chez lui.

La plus belle robe était là, dans le placard.

Il n'avait jamais pris la peine de la regarder.

Il n'avait pas cru bon d'apprendre à danser.

Il croyait qu'on pouvait vivre dans la maison du père sans musique et sans joie.

Les ténèbres : portes de la lumière

Nous sommes, nous aussi, dans la maison du Père, et, comme le malheureux enfant, nous avons besoin de la souffrance pour pénétrer à l'intérieur de notre joie.

Nous vivons notre joie chrétienne sans en prendre conscience, et la même loi circule sur l'autre face de notre vie, la douloureuse.

Notre croix, notre participation à la croix du Christ est beaucoup plus importante que nous ne le croyons.

C'est comme si, à notre insu, quelque chose en nous mesurait notre condition d'exilés de l'essentiel.

C'est seulement quand nous accéderons à la gloire que nous pourrons dire : « Toute ma vie n'a donc été qu'un jeûne ? »

Sans les ténèbres, nous arrivons bien difficilement à apprécier la beauté de la lumière.

Depuis toujours Dieu le savait, lui qui a fait alterner pour nous les nuits et les jours.

Cela, pour ce qui est de l'ordre physique.

Mais, avec beaucoup plus d'intensité, la même loi préside à notre univers de grâce.

Ascèse et ascèse

Il y a dans les Écritures de ces passages qui dégagent un parfum et nous situent d'emblée au milieu d'un courant de fécondité et de vie.

Nous qui tentons toujours de nous installer dans les zones confortables, entre les deux extrêmes, nous nous voyons tout à coup placés en face d'un Dieu qui part du fond de son abîme pour atteindre jusqu'au fond du nôtre (*cf.* Ph 2,7) [1].

---

1 Exinanivit.
  Notre grain lève parce que notre terre est riche.
  La vigilance de l'Évangile est bien différente de l'attention que nous

L'Évangile nous montre un Seigneur conscient de la force paisible qui l'habite, et nous sommes son corps, nous sommes sa gloire, nous sommes sa chair ressuscitée.

Saint Paul s'émerveille des fruits de la grâce dans ses Églises, et il en remercie Dieu.

Le labeur austère du grand frère et le jeûne sévère du Pharisien sont pour nous plus près de ce que nous appelons l'ascèse que, par exemple, le geste de Zachée accueillant le salut dans sa maison.

Vigilance et vigilance

Notre gloire nous suffit.

Nous n'avons besoin que d'y être éveillés.

Nous sommes vivants, que nous veillions ou que nous dormions.

Ce qui transfigure le monde

À la lumière de cette forme éminente de vigilance, c'est tout notre agir apostolique qui se voit transformé.

En conséquence, il s'agit moins désormais de porter la bonne nouvelle que de la « contempler ».

C'est elle qui transfigure l'univers.

---

portons aux êtres et aux personnes.

La vigilance chrétienne ne contient rien de volontaire.

Il n'y a là aucune ombre de concentration.

Au contraire, la vigilance des baptisés est une éclosion de liberté, la contemplation émerveillée d'une source dont le débit est comme mesuré par l'admiration même que nous lui portons.

En regard de cette « activité festive », nos efforts – pour demeurer en présence de Dieu dans la prière, entre autres – font figure de parents bien pauvres.

Les disciples ont été surpris par la résurrection du Christ.

Aujourd'hui encore, nous sommes invités à observer la même résurrection tout autour de nous et, en fin de ligne, au cœur de notre être.

Une telle activité, il est bien évident que le monde ne peut la percevoir.

Il a trop à faire, occupé qu'il est à critiquer et à condamner sans fin.

Nous ne verrons jamais la gloire qui déferle sur le monde si nous ne prenons d'abord conscience du flot de vie qui nous inonde le cœur.

Et comme si cette approche n'était pas suffisamment déroutante pour l'humanité, il arrive que notre aptitude à contempler le Christ se révèle comme le remède le plus efficace pour corriger nos pas de perdition.

Dans le sens de l'Esprit

Dans l'ordre pratique, nous nous sommes dit parfois, après avoir raté une affaire : « Pourquoi n'y ai-je pas pensé ?

Je le savais pourtant. »

C'est le même scénario qui joue pour la prise de conscience de notre gloire dans l'ordre surnaturel.

C'est l'intensité de la gloire dont nous sommes habités qui viendra nous pacifier en neutralisant les forces négatives qui s'attaquent à notre faiblesse.

Tout notre effort spontané canalise nos énergies pour que le péché soit moins grand et, en conséquence, la gloire moins lourde à porter, tandis que l'Esprit, lui, tend à creuser toujours davantage l'abîme qui, au fond de nous, nous menace.

Nous rêvons d'être sans péché et, par conséquent, sans besoin de la miséricorde et du salut, alors que là se cache l'essentiel du salut.

Nos pas sont dans les cieux

De tout ce combat, nous ne sommes pratiquement pas conscients, mais le Verbe tient tout à jour.

Il nous suffit qu'il le sache.

C'est qu'il faut avoir connu l'enfer pour prendre conscience que nous sommes en paradis.

Nous connaissons le Christ et son mystère à un degré que nous ne soupçonnons pas.

Nous sommes inondés de sa lumière.

Nous ne vivons pas sur un mode humain : nos pas sont dans les cieux.

Le bruit de notre marche alerte quotidiennement l'oreille du Père ; pendant ce temps, nous cherchons le chemin qui pourrait nous conduire à sa maison et nous nous décourageons du mal qui nous habite.

L'Esprit pousse aux limites de la dislocation.

Nous, nous nous étudions à restreindre l'écart entre l'abîme de notre mort et l'abondance du salut.

« Ressuscités avec le Christ ! »
(Col 3,1)

Emprisonné dans mon univers

J'ai tellement souffert durant ma vie de devoir imposer silence à mes aspirations les meilleures pour me plier à la volonté des personnes et aux caprices des événements !

Je me suis surpris un jour à rêver d'un état où je me verrais affranchi de toute contrainte et de toute forme d'obligation.

Ce rêve était trop beau !

Il ne pouvait prendre corps dans l'univers où je circulais [1].

Il me fallait demeurer à jamais rivé à mes entraves :

le joug de l'obéissance auquel je me suis soumis,

le cloître et le sacrifice d'une impossible liberté,

les incessantes sujétions de la vie commune,

la solitude du cœur et l'immolation continuellement renouvelée de l'affectivité.

La douceur ?...

Le monde a gémi sur mes douleurs, et j'ai pleuré moi-même sur ma condition, jusqu'au jour où j'ai compris « l'endroit »

---

[1] En fait, il n'y avait pas grande originalité de ma part à désirer la liberté, première caractéristique de tout être humain.

Ce qui nous distingue les uns des autres, c'est notre « manière » de la rechercher et, plus encore, le contenu que nous donnons à cette valeur qu'est la « liberté ».

de toute réalité : depuis que le tombeau, lieu par excellence de l'obscurité et de la mort, s'est vu enfanter l'unique Lumière, celle qui ne connaît pas de déclin, tous les modes de coercition et toutes les situations d'assujettissement sont devenus générateurs de lumière et de liberté.

Au temps de mes larmes, j'avais ambitionné de posséder un caractère si doux que tous ceux qui auraient à vivre avec moi n'en recevraient que bonheur et joie.

Mais j'ai vite reconnu qu'il s'agissait là d'abord d'une question d'atavisme.

J'ai constaté en effet que bien des personnes, souvent sans scrupule et sans conscience, pouvaient être de vraies « soies » pour les autres dans le seul dessein de se les mieux gagner ou même de mieux les exploiter au besoin.

Ce ne pouvait être en cela que consistait la victoire du Christ.

Fécondité et guérison ?...

Alors, j'ai convoité la réussite, l'efficacité et la fécondité apostolique !

Mais j'ai observé que c'était là une affaire de charisme et d'appel ; tous n'étaient pas également doués pour des tâches d'envergure et ils n'étaient pas moins chrétiens pour autant.

La victoire du Christ était ailleurs.

J'ai souhaité par la suite de me voir délivré de toutes mes blessures et des fautes qu'elles entraînaient chez moi.

Or, je me suis rendu compte que je demandais par là au pouvoir infini du Christ de réaliser en moi rien de plus que le résultat d'une bonne thérapie.

Ce que m'offrait le Ressuscité était d'un autre ordre.

Bon naturel ?...

Puis j'ai désiré devenir si bon, si charitable, si serviable que tout le monde pourrait m'aimer en rendant grâce à Dieu pour ma présence et ma richesse d'être !

Mais j'ai rapidement saisi qu'un « bon naturel » aurait pu m'être donné par seule voie d'hérédité et être secondé, en plus, par une éducation de choix.

La lumière de Pâques était encore absente de tous ces chemins pourtant enviables.

La loi de la Résurrection

Où était donc la victoire du Christ ?

La victoire du Christ sur la mort, sa manière à lui de s'affranchir de tout ce qui l'empêche d'être lui-même sont très éclairantes pour nous aider dans la conquête de notre propre liberté.

Remarquons d'abord que le Christ n'a pas attendu de se relever de la mort pour être libre face aux personnes et aux événements.

« Ma vie, disait-il, c'est moi qui la donne. »

« Ma vie, j'ai le pouvoir de la donner et de la reprendre » (Jn 10,18).

Contrairement aux apparences, ce n'est pas la malveillance des hommes qui traque le Christ et le conduit à la mort.

Ses adversaires étaient pourtant persuadés de mener le jeu au cours de la Pâque.

La résurrection existait avec sa loi d'absolue liberté avant le drame de la croix et le jour du tombeau vide.

Il y a dans la résurrection du Christ une réalité qui se situe au-delà de son passage de la mort à la vie.

Maîtres de l'histoire

Qui de nous n'a pas gémi sur ses blessures et ses faiblesses, sous prétexte qu'elles étaient un obstacle à son progrès spirituel ?

Qui de nous n'a pas rêvé de s'en voir à jamais délivré pour vivre enfin ?

Quelle question redoutable et compromettante, quelle interrogation qui nous oblige à aller jusqu'au fond de la vérité : nous n'avons pas à attendre la transformation de notre agir et la disparition de toutes nos entraves pour vivre pleinement en ressuscités !

Nous sommes ressuscités et, comme le Sauveur avant et pendant sa Passion, nous n'avons plus le droit de « subir » les événements, pas plus que les contraintes occasionnées par ceux qui nous entourent.

Nous sommes ressuscités et, comme le Christ, c'est nous qui conduisons l'histoire : les événements et les personnes.

Le cœur de Dieu à découvert

Mes impuissances sont là.

Les défaites jonchent mes parcours.

Les humiliations sont mon pain quotidien.

On peut crier victoire en abusant de ma faiblesse et de mon incapacité, mais cette orgueilleuse prétention chez ceux qui agissent ainsi à mon égard en fait déjà des « vaincus ».

On peut me pointer d'un doigt accusateur en signalant mes erreurs et mes péchés, mais ceux qui se comportent ainsi se prouvent à eux-mêmes qu'ils n'ont jamais eu accès à l'inexplicable paix que peut accorder le Christ au perdu que je suis, que je demeure et que je serai toujours.

Voilà qui n'est pas humain !

Voilà le cœur de Dieu mis a découvert !

Le plus pur de sa victoire

« Vous êtes ressuscités avec le Christ ! » (Col 3,1).

À l'audition d'une telle parole, la tentation nous vient instantanément : « Quel minable ressuscité je fais avec mes défauts toujours renaissants et les fautes qu'ils engendrent ! »

Cette objection n'est pas « chrétienne » !

Y adhérer, c'est enlever au Christ le plus beau de sa victoire.

C'est faire de la Pâque de Jésus Christ un événement parmi tous les autres.

C'est réduire le triomphe du Christ à un aspect purement humain.

Outrage à la gloire

Parlerons-nous suffisamment fort aujourd'hui pour que le monde puisse enfin entendre et comprendre ?

La victoire des ressuscités que nous sommes est ailleurs que dans la rectification de notre agir.

Notre victoire, si elle se veut dans la ligne de celle du Christ, **doit revêtir les formes extérieures de la défaite.**

Nous rêvons de voir notre réussite s'inscrire dans notre chair et jusque dans notre psychisme blessé, mais ces espaces sont ceux de la victoire du monde, non pas ceux de la victoire du Christ.

Nous faisons outrage à la grâce et, plus encore, à la gloire en accordant trop d'importance aux signes extérieurs de la résurrection en nous.

« Parce que vous avez été rassasiés »

Il se passe, dans l'ordre de la foi, un phénomène étrangement semblable à ce qui, trop souvent, avait cours à la suite des miracles du Christ : ces derniers étaient recherchés pour eux-mêmes au lieu d'être perçus comme simples signes d'une réalité spirituelle transcendante.

À maintes reprises, le Sauveur s'en est plaint avec la désolation dans le cœur[1].

Eh bien ! nous répétons la même erreur quand nous évaluons notre degré de participation à la résurrection d'après certaines manifestations extérieures à nous, ou d'après les conversions que nous pourrions constater dans notre vie de tous les jours, que ces changements positifs soient d'ordre psychologique, social, culturel, affectif ou autre.

Comme les païens ?...

Il est si évident pour tous qu'une personne partiellement blessée pourra s'en sortir assez facilement, tandis qu'une autre, atteinte à une bien plus grande profondeur, verra tous les efforts de sa vie réduits à néant.

Et celui ou celle qui a suffisamment d'argent pour se payer une thérapie réussira peut-être à diminuer ses peurs, sa culpabilité ou son manque de confiance en soi.

Quant à l'enfant qui aura bénéficié d'un climat familial exceptionnel, il sera affranchi des blessures qu'un autre pourra avoir reçues tout au long de son éducation.

Tout cela n'est que dimensions humaines – si appréciables soient ces dimensions –, non le résultat typique de la grâce et, encore moins, celui de la gloire !

« Les païens n'en font-ils pas autant » (Mt 5,47), et même plus ?

---

1 « En vérité, en vérité, je vous le dis, ce n'est pas parce que vous avez vu des signes que vous me cherchez, mais parce que vous avez mangé des pains à satiété » (Jn 6,26).

La libération chrétienne

Pourtant, n'est-il pas vrai que, dans notre vie et dans celle des autres, nous faisons chaque jour de ces modifications un thermomètre capable de nous indiquer à quel degré nous en sommes de notre participation à la grâce et à la gloire du Christ ?

Tout au contraire : le chrétien n'est pas celui qui « gagne », mais celui qui, à force de défaites et d'humiliations, en vient à se décourager de lui-même et de ses vains efforts, pour se jeter dans les bras du Sauveur et recevoir de lui seul son salut, un salut qui n'est plus du ressort de la volonté, un salut qui libère le cœur et l'esprit au-delà de toutes nos espérances toujours encadrées.

L'infini de la paix

À ce chapitre, les paraboles de la miséricorde ne sont-elles pas suffisamment claires ?

Pourquoi donc persistons-nous à mettre l'accent sur le comportement extérieur et non sur l'essentiel de notre grâce et sur le miracle de notre gloire, la gloire que le cœur débordant du Christ daigne nous offrir tout au long de notre vie ?

Le « sauvé » n'est pas d'abord celui qui devient maître de lui-même, mais celui qui, conscient de son indignité jusqu'à l'intime de son être, accepte de se voir noyé dans un amour qui n'attend rien, rien en dehors de l'être qu'il aime.

Instinctivement, nous nous agrippons à une multitude de valeurs confuses et suspectes.

Mais il y a comme une loi « naturelle » qui s'étudie à nous en délivrer : l'amertume, les déceptions et les désillusions qui tapissent nos chemins redisent sans cesse à notre cœur que l'infini de la paix attendue ne peut reposer au fond de ces espaces.

Notre manière de contester

Si nous tenons si avidement à la transformation de notre conduite, c'est dans la mesure où nous doutons encore de notre participation à la gloire du Christ ;

dans la mesure surtout où nous refusons à l'Homme-Dieu la permission de tout guérir et de tout sauver en nous et autour de nous.

Nous « contestons », en fait, l'universalité de sa victoire et le radicalisme de son influence dans notre vie.

La gloire du tombeau vide

Plus tu crois, moins tu as besoin de signes.

Mais plus tu peux te dispenser des signes, plus ils surviennent en toi et autour de toi.

Tôt ou tard, les signes disparaîtront de notre vie pour faire place à la pure foi.

Et pourtant, l'amélioration de notre agir, ce signe équivoque qui, prétendons-nous, vient confirmer notre adhésion au Christ, est ce que nous cherchons et attendons à chaque jour de notre itinéraire.

La victoire du Christ ne s'inscrit pas dans les parcours de ce monde.

La gloire du tombeau vide ne viendra pas informer le regard de ceux qui ne peuvent avancer qu'à la lumière du soleil ou à celle de l'intelligence.

Le Christ disparaîtra même à la vue des siens qu'il visite si furtivement.

Du sein de la nuit

L'essentiel est infiniment discret.

Il se dérobe à nos perceptions, au moment même où il nous informe à l'intime de l'être.

C'est du sein de la nuit que l'unique Lumière est sortie.

C'est dire qu'une vie passée dans l'obscurité du tombeau a bien des chances d'être celle qui a accumulé un irrésistible poids de lumière.

La libération de la lumière en nous est en raison inverse de la ténèbre que nous avons traversée.

« Nous sommes des serviteurs inutiles »
(Lc 17, 7-10)

Manque de densité

Qu'en est-il de la vigueur et de l'héroïsme de notre attente ?

Qu'en est-il de notre tourment de vivre ?

Nous tolérons si facilement d'être séparés de la plénitude !

Nous acceptons si aisément de nous voir privés de l'harmonie de l'être, notre héritage !

Quelle étape dans chacune de nos existences que celle où nous nous éveillerons à l'insuffisance de notre densité !

Tant de personnes sont dépourvues du pain de la surabondance, sans même se douter que cette indigence est infiniment plus dangereuse pour elles que celle du pain qui pourrait bien leur manquer un jour[1].

Ne pas vivre dans cette évidence est la plus grave injustice à commettre envers nous-mêmes.

En arriver à pouvoir circuler dans la vie, immunisés contre l'insatisfaction et la déchirure intérieure, c'est toucher aux portes de la mort, c'est être devenus sourds aux appels de ce qui en nous ne consentira jamais à mourir, c'est être rendus imperméables à notre richesse d'être.

Nous ne sommes pas appelés à vivre de nostalgie, à demeurer fixés sur le rivage : notre lieu, c'est le large.

---

1 Le problème de la faim dans le monde a ses lettres de noblesse : il est une image de la faim essentielle en même temps qu'il ouvre les espaces de l'âme en lui apprenant à crier vers la vie.

Il s'agit moins pour nous de nous laisser fasciner par les flots que de nous voir engloutis par la mer.

Le seuil de la paix

L'insondable est notre inévitable interlocuteur.

Il y a ce phénomène étonnant : nos yeux sont moins faits pour contempler la lumière que pour la produire.

Notre cœur ne connaîtra l'apaisement qu'en se laissant emporter dans un rêve qu'il est impuissant à construire.

Nous ne sommes pas conviés à admirer la paix comme de l'extérieur, mais à franchir le seuil de son mystère, à devenir sa glorieuse incarnation.

La pierre du tombeau

Notre route est semée d'obstacles qui menacent de nous conduire au découragement.

Nous décourager serait pourtant un inacceptable sacrilège, un sacrilège envers notre cœur.

Depuis que le Christ est ressuscité, les barrières se sont transformées pour nous en portes larges ouvertes.

Un souffle de vie a soulevé les pierres tombales qui avaient eu la prétention de pouvoir contenir indéfiniment la sève de l'Esprit.

Il est au fond de nous une force de résurrection capable de défier toutes les puissances de mort.

Les chaînes de nos esclavages ont reçu l'ordre de s'autodétruire.

Notre cœur, sans trop se l'avouer à lui-même, attend d'être éveillé et de vivre au point de ne plus appréhender la mort.

Espaces de célébration

On nous a appris à vivre en conformité avec la loi.

Mais quand le don de la vérité nous a été fait, nous avons été invités à entrer dans des chemins nouveaux qui s'impatientent d'accueillir nos pas.

Chacun de nous doit devenir un pur inventeur d'espaces où le cœur a la permission de célébrer.

Nous faisons la sourde oreille à la soif de nos racines dès que nous cessons d'épier en nous l'éclosion de l'inaccoutumé avec, au cœur, la certitude joyeuse de son imminente apparition.

Victimes de la lumière

Au bouleversement du mensonge et des lois qui nous brisent depuis toujours doit succéder en nous l'émerveillement ininterrompu de la paix.

Notre vocation est d'être offerts en victimes à la beauté de la lumière.

Notre cœur est-il prêt pour une rencontre avec cette impossible surprise ?

Serions-nous étonnés de nous voir soudain éveillés avec le mal incurable de l'amour, de ce feu qui n'a de cesse qu'il n'ait tout consumé, ce feu qui enfante la joie en même temps qu'il dissout les liens de la tristesse et du péché ?

C'est là seulement que nous pourrons recevoir la révélation de ce que nous sommes.

Le vide et l'absence

Notre premier handicap est d'avoir été atteints par la main de l'indifférence.

Nous faudra-t-il être plongés dans les abîmes du mensonge et de la souffrance pour admettre enfin que le vide et l'absence ne sont pas la nourriture qui convient à notre table ?

Nous faudra-t-il combattre toute la nuit et être vaincus comme Jacob avant de pouvoir accepter la bénédiction ?

Le bouleversement salutaire

Nous n'aurons jamais le courage de ramasser nos illusions et nos langueurs pour les jeter dans la fournaise ardente.

Nous en avons besoin pour nourrir notre médiocrité, ce mal qui vide notre âme du bonheur véritable, ce péché qui crève le cœur et le rend incapable de contenir sa joie.

Nous qui avons appris à nous dérober à la tâche essentielle, accepterons-nous seulement qu'une autre main vienne un jour faire ce travail à notre place ?

Il n'est pas en notre pouvoir d'enclencher en nous le processus de la vie.

Celui qui nourrirait cette prétention donnerait la preuve qu'il n'a jamais foulé d'autre chemin que celui des larmes et des pénibles avancées.

Seul le regard du Christ peut opérer le bouleversement salutaire.

Lourd de la majesté de l'amour, ce regard est posé sur nous, attendant que nos pieds acceptent de se laisser laver par les mains de la miséricorde.

Les larmes du repentir nous apporteront alors la transparence qui nous rendra aptes à subir l'impact de ce regard qui nous enrichit de tout ce qu'il est sans exiger la moindre redevance.

Ordre et raison

Notre main hésite à briser le vase pour en gaspiller le contenu.

Avions-nous soupçonné l'existence de cette loi qui vient remettre nos valeurs en question ?

Le surplus, généreusement gaspillé, c'est lui qui révèle au mieux ce qui habite le fond du cœur.

Il est, en effet, un dénuement plus dramatique que l'indigence de tous les démunis de la terre.

Il est une pauvreté qui consiste à ne connaître de l'amour que le côté raisonnable et bien ordonné.

Cette tristesse est navrante ; elle a bouleversé le Christ et ne saura jamais inspirer un pas de danse.

Soif d'infini

La belle ordonnance et le rythme du convenable n'arriveront jamais à déclencher la fête intérieure.

Non, la régularité du grand frère n'aurait jamais amené le père à sortir la plus belle robe et l'anneau d'or !

Le veau gras réclamé par le fils aîné n'est jamais sorti de l'étable et n'est jamais apparu sur la table.

Le père avait bien raison : il fallait le réserver pour un événement de vie et ne pas le profaner en le mettant au service de la sclérose.

C'est que les regrettables excès du cadet traduisaient aux yeux du père l'intensité d'une soif que l'infini seul réussirait à étancher chez l'enfant.

La paille humide

Qui viendra nous sortir de nos chemins ?

Donnerons-nous aujourd'hui à notre cœur la permission de trembler à la pensée qu'il pourrait être tiède et capable de se complaire dans l'insignifiance de ses réalisations les meilleures ?

Toutes nos dorures ne seront toujours qu'apparences trompeuses et vêtements indignes de l'amour.

« Qui d'entre vous, s'il a un serviteur qui laboure ou garde les bêtes, lui dira à son retour des champs : ‹ Vite, viens te mettre à table › ? Sait-il gré à ce serviteur d'avoir fait ce qui lui a été prescrit ?

« Ainsi de vous ; lorsque vous aurez fait tout ce qui vous a été prescrit, dites : ‹ Nous sommes des serviteurs inutiles › » (Lc 17,7.9.10).

Il y a des indifférents qui sont sans péché parce qu'ils sont incapables de vie aussi bien que de mort.

Il y a des innocents qui s'ouvrent spontanément à la lumière.

Il est aussi des coupables dont le cœur brûle de repentir et qui n'en finissent plus d'émerveiller le cœur de Dieu !

Où en sommes-nous ?

En chacune de nos vies, que de combustible impuissant à alimenter un feu de joie, que de paille humide inapte à être consumée et qui donne l'apparence de la vie alors qu'elle n'engendre qu'obscurité et saleté, paille incapable de toute chaleur.

Mais le baiser de la vie attend toujours de venir cicatriser les plaies de notre mensonge.

La déchirure intérieure

Nous avons souvent la témérité de croire que nous avons touché aux rives de la lumière en ne vivant qu'au rythme de nos expériences et à celui de nos désirs réalisés.

Nous ne naîtrons jamais qu'à partir de notre déchirure intérieure, et nous ne pourrons continuer de vivre sans la permanence de cette blessure qui est en nous le sceau de la vie.

Notre accomplissement se verrait trop à l'étroit s'il devait demeurer confiné dans les limites de notre rêve.

Avons-nous soupçonné la puissance du désir qui dort au fond de nous ?

Nous sommes porteurs d'un rêve inconnu qui ne connaît pas de frontières !

Nous vivons en fait comme si le véritable objet de notre désir était inexistant.

Son envergure nous sera révélée à notre heure seulement, alors que nous serons en mesure de l'accueillir.

Fécondité silencieuse

Si nous allions nous surprendre à resplendir soudain comme le Seigneur au Thabor et que, d'une seule voix, nous échappions le cri de Pierre : « Maître, il est heureux que nous soyons ici » (Lc 9,33).

C'est pourtant là notre éternelle réalité de baptisés.

Ce cri, il est déjà là, caché au fond de notre cœur.

Que vienne la lumière et qu'elle brise nos entraves !

Qu'elle nous apprivoise enfin à son rythme et à sa fécondité silencieuse !

« Ma grâce te suffit »
(2 Co 12,9)

Les réponses de Dieu

Le Dieu que nous servons a des reparties surprenantes.

Nous en avons une preuve dans la réponse qu'il fait à saint Paul, quand l'Apôtre lui demande d'être délivré de ce qui l'accable : « Ma grâce te suffit. »

Comme si la grâce qu'il nous donne chaque jour nous suffisait et que nous n'avions pas à le supplier de nous donner davantage, ou de nous donner autre chose que ce que nous avons déjà reçu.

Pour nous, il est bien évident, n'est-ce pas, que la grâce de Dieu ne nous suffit pas.

Il est manifeste que tant de problèmes se résoudraient si Dieu daignait augmenter ses prestations en notre faveur.

Il va aussi de soi, à notre point de vue, qu'en une multitude d'occasions notre Dieu aurait avantage à changer son plan de providence et à conduire le monde selon ce que nous voulons bien lui suggérer [1].

---

1 Prenons comme exemple notre prière pour la paix dans un moment de guerre intense.

L'Église primitive a pris naissance au milieu des persécutions.

Et l'Église des martyrs reste l'idéal proposé aux chrétiens.

L'avènement de la paix avec Constantin a marqué le commencement du déclin de l'Église.

À la prière pour la paix, en présence de la persécution ou de la guerre, il y a deux manières légitimes de réagir :

il y a une paix qui signifie la fin de la guerre,

et il y a une paix qui consiste à accepter les choses que nous ne pouvons

Corriger le plan de Dieu

Pareil langage nous fait sourire, mais ne traduit-il pas l'attitude que nous avons habituellement devant Dieu lorsque nous prions ?

Et quand le Sauveur a formulé pour nous la prière qui convenait à notre faiblesse, il a choisi des termes qui tenaient compte de notre incompréhension du mystère de Dieu et de l'incompréhension de notre propre mystère.

C'est que nous nous faisons de Dieu l'idée d'un être qui, comme les humains, doit être sensibilisé au caractère dramatique de notre situation qu'il ne connaîtrait pas.

Sans même nous poser de question, nous adoptons vis-à-vis de Dieu la manière que nous employons avec nos semblables.

De son côté, notre Dieu accueille notre prière mal éclairée avec la compréhension et la mansuétude d'un Père qui écoute son enfant lui formuler des rêves dont la réalisation serait nocive ou peu avantageuse pour l'enfant.

Sa grâce te suffit

Quand tu manques de tout, sa grâce te suffit.

Quand la tentation semble être au-delà de tes forces, sa grâce te suffit.

Quand la guerre fait rage autour de toi, sa grâce te suffit.

Quand c'est la guerre au centre de toi, sa grâce te suffit.

La prière de l'Esprit

Nous faudra-t-il alors cesser de prier, puisque nous ne savons pas ce que nous demandons, comme l'Évangile nous l'atteste ? (Mc 10,38).

------

changer, à entrer dans le plan de Dieu.

Non, ce n'est pas de cette façon brutale que la grâce nous pousse à agir.

Ce qui importe, ce n'est pas de cesser de prier sous le prétexte que Dieu saurait tout, c'est de rendre notre prière plus conforme aux mouvements de l'Esprit.

Celui qui emprunterait le chemin de l'abstention manifesterait non qu'il est parvenu à un degré supérieur de prière, mais qu'il a cessé d'être un « petit enfant », condition essentielle pour avoir part au Royaume.

Mesure humaine, mesure divine

Si nous avons été atteints par le ver rongeur de la suffisance, il nous est facile de ridiculiser la prière des humbles : Dieu, lui, ne se refuse jamais à l'entendre.

Il est tentant de nous dérober à la prière des pauvres : Dieu, lui, est sans défense devant elle.

Selon notre manière de voir, il apparaît souvent que l'obole de la veuve n'en vaut vraiment pas la peine : elle bouleverse le cœur de Dieu.

Le secret de l'Esprit

Celui dont le cœur est sous l'influence de l'Esprit et qui demeure docile à son action va continuer de prier comme tout le monde, mais, dans sa bouche, les mêmes mots vont se charger d'une densité, s'alourdir d'une richesse qui restera un héritage exclusif.

Ce qui se développe peu à peu dans le cœur du priant, c'est le sens de l'adoration.

Aux yeux du baptisé, le plan admirable de Dieu sur le monde se révèle dans toute sa profondeur et sa beauté.

Les lignes de la gloire

Parvenu à ce seuil de grâce, ce serait pour lui commettre une sorte de sacrilège que d'intercéder en vue d'obtenir le moindre changement.

Dans le chaos du monde, il aperçoit déjà les lignes admirables de la gloire qui se dessinent à la faveur même des bouleversements en cours.

Dans les situations de détresse extrême, les pauvres et les écrasés lui apparaissent avec cette splendeur que le Christ a béatifiée dans l'Évangile.

Et, attitude plus impressionnante encore, l'enfant du Père, en même temps qu'il admire et adore ce à quoi il ne désire rien changer, est le plus empressé à secourir ceux qui pleurent et qui peinent.

Épouser la trajectoire de Dieu

La grâce est capable de ces spectaculaires contradictions qui laissent le monde muet d'étonnement, choqué d'incompréhension.

Dans les pires situations de souffrance, l'œil du baptisé voit le prolongement de la Passion, laquelle, aujourd'hui comme hier, conduit à la gloire.

Il arrive que l'Esprit nous invite à supplier Dieu de nous accorder certains bienfaits.

Alors, si nous insistons, ce n'est plus parce que Dieu aurait besoin d'être forcé à agir en notre faveur, mais parce que la grâce en question nous est déjà accordée et que nos mécanismes naturels réagissent à leur façon.

Dans l'ordre humain, quand une personne est saisie par l'angoisse, elle cherche la cause de son malaise.

Or, **le propre de l'angoisse étant d'être sans cause,** la personne va attribuer ce malaise à tel ou tel événement passé ou à venir, qui sera souvent de caractère anodin, mais qui prend alors des proportions catastrophiques.

Ce n'est pas l'événement en question qui crée l'angoisse, c'est l'angoisse qui donne à l'événement des couleurs tragiques.

Sous la protection de l'Esprit, le disciple se gardera bien d'imiter saint Pierre, qui a tenté d'empêcher le Christ de monter à Jérusalem.

À l'encontre de l'apôtre et à l'exemple de Véronique, il empruntera avec empressement le douloureux trajet vers Jérusalem pour éponger le visage tuméfié de Jésus.

La majesté du pas de Dieu

Il est une prière que nous pouvons apprendre.

Il est une prière que nous pouvons construire.

Il est aussi une prière qui vient nous surprendre.

Cette dernière élimine tout effort, elle ne sent pas la corvée, elle libère le cœur et donne au pas de l'enfant la majesté du pas de Dieu.

L'harmonie pleine

La véritable prière a tendance à se taire et, dans la profondeur de son action, elle transforme, soulage et apaise.

Paradoxalement, elle pousse le priant à se compromettre, dans la mesure même où il a saisi la beauté du plan de Dieu, auquel il ne veut rien ajouter ni retrancher.

« Cela est très bon ! »

À ce moment, l'intercession devient dans le cœur du chrétien une hymne d'une grande beauté, une harmonie aussi vaste et pleine que le plan de Dieu lui-même.

Émerge alors des couches profondes de l'être ainsi transfiguré cette exclamation qui a signé la réussite sans faille de la création : « Cela est bon ! Cela est très bon ! » (Gn 1,25.31).

Dieu veut nous partager sa joie

À croire que Dieu, en se gardant bien de nous le dire, nous demande de prier non d'abord parce que quelque chose gagnerait à être changé dans l'ordre du monde ou dans notre propre vie, mais parce qu'il veut nous amener au cri triomphal qu'il a lancé au soir de la création.

Comme si ce couronnement de la plus belle de toutes les œuvres était quelque chose de « trop bon » et demandait à être partagé.

La prière accomplie

Notre existence sera transformée quand nous pourrons surprendre, dans le chaos du monde et dans le désordre de notre vie, les lignes, émouvantes de majesté, qui se lisent depuis toute éternité dans l'admirable face du Père.

Quelle prière accomplie !

À cette heure, nous ferons taire l'impertinence de nos interventions.

Nous aurons compris la réponse de Dieu : « Ma grâce te suffit. »

Une leçon qui ne s'apprend pas

Il est des leçons qui peuvent s'apprendre sans être nécessairement vécues.

Il est d'autres leçons qui ne s'apprennent bien qu'en étant vécues.

Nous avons du mal à distinguer les leçons qui ne s'adressent qu'à notre intelligence de celles qui doivent nécessairement passer par le cœur.

Il est un savoir qu'on peut classer dans un fichier en attendant d'en avoir besoin.

Et il est un savoir qui nous saisit tout entiers, un savoir que nous ne pouvons pas traiter comme une chose dont on peut disposer à notre guise, parce qu'il est, par rapport à notre âme, une partie d'elle-même qui commence à bouger en nous.

Il est un savoir que nous pouvons gérer, et il est un savoir qui nous prend et nous emporte.

Nous sommes plus à l'aise dans le savoir utilisable à discrétion, mais le savoir qui nous informe et nous moule le cœur est infiniment plus gratifiant.

Nous préférerons toujours spontanément le savoir qui nous configure à la machine au savoir qui fait de nous des vivants.

Les « raisons » de l'amour

Je ne suis vivant qu'au jour où, privé de ma force et de mes victoires, je suis irrémédiablement voué à la défaite, lorsque je me vois contraint de m'appuyer sur une force qui n'est pas la mienne.

Comment entrer de plain-pied dans un tel jeu ?

C'est le cœur qui doit changer, comme celui des personnes qui passent soudain de la simple camaraderie au grand amour.

Il est des choses qu'on ne peut vivre qu'en acceptant de ne pas les comprendre.

Nous commençons à vivre au moment où les motifs pour lesquels nous agissons nous demeurent inconnus.

« La grâce me suffit. »

Être sûrs de l'amour et de la bienveillance de quelqu'un au-delà de nos performances et de nos richesses, quelle expérience !

Les étrangers restent indifférents devant les valeurs cachées qui me donnent d'être aimé.

Les raisons pour lesquelles je suis aimé laissent tous les autres insensibles.

C'est un secret qui se vit à deux.

Table des matières

• Cap-Saint-Ignace
• Sainte-Marie (Beauce)
Québec, Canada
1995

«L'IMPRIMEUR»